L'impôt

Le monde de...

sur une idée de Michel Abitbol

L'information reste de nos jours trop souvent fragmentaire ou d'une érudition difficilement accessible. Or, la compréhension d'un concept ou d'un débat exige une connaissance globale de son contexte.

La collection *Le Monde de...* propose, dans tous les domaines du savoir, des synthèses adaptées à la vie contemporaine.

Elle offre le lexique de base indispensable à chaque thème abordé. Evénements, biographies, analyses théoriques, historiographie du sujet..., présentés sous forme d'articles concis et suivis d'une bibliographie spécialisée, concourent ainsi à une approche diversifiée de la question.

La présentation alphabétique laisse au lecteur une totale liberté dans sa recherche d'informations, tandis qu'un système de renvois entre les articles assure la cohérence des exposés et favorise la circulation à l'intérieur du volume.

Ce choix exigeait, de la part des auteurs, un sens pédagogique réel et une connaissance affirmée de la question : tous possèdent, dans leur spécialité, une autorité qui garantit le sérieux de leur ouvrage.

Le Monde de... : une encyclopédie de poche, efficace, rapide à consulter.

Le monde de...

Collection dirigée par
Xavier Browaeys

L'impôt

Pierre Beltrame

MA EDITIONS

6, rue Emile Dubois
75014 Paris

© M.A. Editions — Paris 1987
Tous droits réservés

Mise en page et fabrication :
C. et J.-B. Duméril

I.S.B.N. 2 86 676 249 5

Avant-propos

L'universalité et la diversité caractérisent le phénomène fiscal.

Il est peu d'époques, de pays, d'hommes, ignorant tout de l'impôt. De nos jours, 40 % en moyenne de la richesse produite chaque année dans le monde occidental est ainsi reprise et redistribuée. Des centaines de millions d'individus et d'entreprises sont concernés par ce prélèvement obligatoire. Toutes les formes d'activité sociale y sont directement ou indirectement assujetties. Naissance, amour, mort, chaque moment de la vie sociale éveille des harmoniques fiscales. On peut le déplorer mais c'est un fait : nos sociétés modernes sont des sociétés fiscalisées.

Or si l'étude de l'impôt, de ses techniques, de ses incidences économiques, suscite un intérêt certain et une littérature impressionnante, peu d'efforts ont été faits pour « donner à voir » l'impôt à l'opinion, pour le lui expliquer. Pour une large fraction de celle-ci, l'impôt est conçu plus comme un mal nécessaire que comme l'un des fondements essentiels de notre organisation sociale. Et pourtant, il est l'un des instruments qui permettent de concilier la puissance de l'Etat et la liberté des individus. C'est dire son importance dans le devenir de nos fragiles démocraties.

Ce petit livre voudrait populariser l'impôt en montrant que ce mécanisme juridico-économique touche à l'humain, qu'il est, comme l'a si bien dit Georges Vedel, « chose de l'homme, approche de l'homme ».

La forme de l'encyclopédie convient parfaitement à cet ambitieux projet. Elle oblige l'auteur à dire l'essentiel en peu de mots et à examiner chaque sujet sous les angles les plus variés. Elle laisse au lecteur une souveraine liberté pour combiner et compléter comme il l'entend les arguments et les informations qui lui sont fournis. Le fiscaliste y trouvera l'exposé des techniques et des politiques fiscales, le juriste celui des institutions, quant au politiste il s'interrogera sur les comportements et les doctrines. Mais les esprits simplement curieux pourront y glaner des faits et des portraits susceptibles de les intriguer, de les amuser, voire d'alimenter leur réflexion.

A chacun de redécouvrir ce monde de l'impôt qui n'est pas l'univers kafkaïen, la jungle ou le maquis que l'on dit, mais un riche terroir où peut aussi s'enraciner l'arbre de la connaissance.

ADMINISTRATION FISCALE

L'administration fiscale c'est d'abord l'ensemble des organes par lesquels sont assis, contrôlés et recouvrés les divers impôts. De ce point de vue, son organisation complexe reflète la multiplicité de ses missions.

Mais l'administration fiscale qui perçoit la quasi-totalité des recettes de l'Etat, qui participe à l'élaboration d'une foisonnante réglementation et qui interfère quotidiennement dans la vie des collectivités, des entreprises et des citoyens, constitue un élément essentiel du pouvoir d'Etat. A ce titre, son rôle dépasse de loin celui d'une institution technique.

L'administration fiscale en tant qu'instrument d'exécution

Jadis fractionnée en quatre grandes régies financières correspondant aux différentes contributions alors perçues (contributions directes et indirectes, droits d'enregistrements et droits de douanes), l'administration fiscale s'organise, depuis 1948, autour d'une « *direction générale des impôts* » (D.G.I.).

C'est dans le cadre de cette direction que s'effectuent les opérations d'assiette et de contrôle de la plupart des impôts, ainsi que le recouvrement de plus du tiers d'entre eux.

La D.G.I. est donc la pièce maîtresse d'une administration qui regroupe aussi les « *services extérieurs du Trésor* » et la « *direction générale des douanes et droits indirects* » qui est seule compétente en matière d'assiette, de contrôle et de recouvrement des droits de douane et de certains droits indirects.

Les services d'assiette des impôts

Hormis pour les droits de douanes et quelques droits indirects (taxe intérieure sur les produits pétroliers, taxe à l'essieu), les opérations d'assiette de l'ensemble des impôts sont de la compétence de la D.G.I.

Les tâches d'assiette sont assurées par les *directions régionales* chargées notamment de la gestion des centres régionaux d'informatique et par des *directions départementales* qui ont autorité sur les centres des impôts.

Les *centres des impôts*, au nombre de plus de huit cents, constituent les cellules de base des services d'assiette.

Chaque centre des impôts, placé sous la direction d'un chef de centre, comporte quatre inspections. Une inspection d'assiette et de documentation qui, à travers trois sections (la section d'ordre et de documentation, la section d'assiette des impôts directs et la section d'assiette des impôts indirects) gère le dossier fiscal de chaque contribuable et assure l'exécution des tâches matérielles et des travaux courants pour l'ensemble du centre (vérification formelle des déclarations, fixation des forfaits agricoles, gestion des impôts locaux, etc.). Les trois autres inspections sont spécialisées non par nature d'impôt, mais d'après l'objet de la fiscalité : fiscalité personnelle, fiscalité des entreprises et fiscalité immobilière. Ceci permet une organisation plus rationnelle et un contrôle plus efficace.

A côté des centres des impôts, il existe aussi des *centres des impôts fonciers* (près de 300) dont les attributions concernent la maintenance du cadastre et la gestion du domaine de l'Etat.

Pour apprécier pleinement l'importance des tâches effectuées par ces services d'assiette, il convient de citer quelques chiffres.

En 1984 plus de 56 millions de déclarations sont parvenues aux services de la direction générale des impôts : déclarations de revenu, de chiffre d'affaires, de succession, de création d'entreprises, etc. Ce sont ces déclarations qui servent de base au calcul de l'impôt. La même année près de 49 millions d'avis d'imposition ont été adressés aux contribuables. Ces opérations sont effectuées par 83.516 agents chargés aussi des tâches de contrôle et de recouvrement.

Les services de contrôle

Le contrôle est organisé au niveau national et au niveau régional et local.

Au niveau national, une *mission de coordination du contrôle* définit les grandes lignes de programmation du contrôle fiscal.

Quatre directions assurent ensuite les tâches de vérification : la *direction nationale des enquêtes fiscales, la direction nationale des vérifications de situations fiscales d'ensemble* chargée du contrôle du revenu global des contribuables importants, la *direction des vérifications nationales et internationales* qui contrôle les plus grandes entreprises et, enfin, la *direction de la garantie et des services industriels* qui vérifie les métaux précieux, la production industrielle et celle du sucre.

Au niveau régional, les vingt *directions régionales des impôts* assurent, par leurs brigades régionales, les vérifications et les enquêtes, tandis que le contrôle à la base est effectué par les centres des impôts qui réalisent un contrôle sur pièces et recherchent les contribuables défaillants.

La *direction générale des douanes* a ses propres services de contrôle aussi bien au niveau national (direction nationale des enquêtes douanières) qu'au niveau local (centres régionaux de documentation et de contrôle).

En 1984, 8.000 fonctionnaires à plein temps ont participé à la mission de contrôle fiscal. Ils ont effectué 38.678 vérifications de comptabilité et 6.216 vérifications de situations fiscales d'ensemble (V.A.F.S.E) qui ont permis de rappeler plus de 14 milliards de droits. En outre, le contrôle sur pièces en matière d'impôt sur le revenu et de profits immobiliers a abouti à des rappels de près de 8 milliards.

Les services de recouvrement

Les services d'assiette et de contrôle et ceux chargés du recouvrement sont partiellement distincts en France. Cette distinction, généralement justifiée par référence au principe de la séparation des fonctions des ordonnateurs et des comptables, n'a en fait pas de fondement rational. Elle n'est d'ailleurs qu'imparfaitement appliquée puisque seuls les impôts directs perçus par voie de rôle (impôts locaux, impôt sur le revenu) et l'impôt sur les sociétés sont perçus par les comptables des *services extérieurs du Trésor* qui ne dépendent pas de la D.G.I, mais de la direction de la comptabilité publique. Les comptables du Trésor assurent ainsi le recouvrement d'un peu plus des deux cinquièmes des recettes fiscales.

Les autres recettes d'impôt : T.V.A, droits d'enregistrement, recettes annexes sont perçues par le réseau comptable de la D.G.I. qui s'organise en *recettes des impôts* et *recettes conservations des hypothèques*. Les impôts ainsi recouvrés représentent à peu près autant que ceux recouvrés par le Trésor.

Enfin, les droits de douanes et certaines contributions indirectes sont encaissés par le réseau comptable de la direction générale des douanes qui perçoit environ le cinquième des recettes fiscales totales.

L'administration fiscale en tant qu'organe du pouvoir d'Etat

L'administration ne se contente pas de faire appliquer les règles fiscales, elle participe étroitement à leur élaboration par son Service de la législation fiscale. De plus, placée entre le Parlement et les groupes de pression, elle joue un rôle essentiel dans les négociations fiscales. Enfin, en contact avec des millions de contribuables, elle dispose pour l'exécution des normes fiscales de pouvoirs souvent très étendus dont il lui appartient d'user avec modération afin de ne pas perturber l'équilibre, toujours instable, des rapports entre l'administration et le contribuable.

Le service de la législation fiscale qui, depuis 1977, est rattaché directement au ministre chargé du Budget, se compose d'un petit nombre d'agents (une centaine) parmi lesquels de nombreux hauts-fonctionnaires. Ce service, qui développe un esprit de corps et un certain « militantisme fiscal », a trois missions essentielles.

Il *représente* l'administration dans les diverses instances nationales et internationales telles que les groupes de travail du Plan, les groupes d'experts fiscaux de l'ONU, le comité des affaires fiscales de l'OCDE.

Il *informe* tant les services extérieurs de la DGI, auxquels il fournit une documentation technique, que les parlementaires, la presse et le public pour les besoins desquels, d'ailleurs, une cellule « Relations publiques » a été instituée en 1980.

Enfin, le service *élabore* les textes fiscaux. Certes les lois fiscales sont votées par le Parlement. Mais l'initiative de la plupart de ces textes est gouvernementale, ce qui donne aux fonctionnaires spécialisés du Service de la législation de très grands pouvoirs. Quant aux textes réglementaires et aux instructions administratives, ils sont de la compétence quasiment exclusive du Service qui règle ainsi les moindres détails de la mise en œuvre du système fiscal qu'il a lui-même conçu.

Mais l'élaboration des normes fiscales n'est pas, contrairement aux apparences, un processus unilatéral.

Les groupes de pression corporatifs agissent auprès du Parlement par l'intermédiaire des auditions des commissions ou par l'intervention directe auprès des parlementaires. Cependant, leur action, quoique plus discrète, est plus efficace quand elle peut s'exercer sur l'administration elle-même. Celle-ci conçoit la règle et en assure l'exécution individuelle, elle est donc remarquablement bien placée pour donner suite aux suggestions qu'elle estime fondées. D'ailleurs la négociation, loin d'être systématiquement écartée, est parfois sollicitée par l'administration. Elle assure une meilleure adéquation de la loi fiscale au milieu dans lequel elle est destinée à s'appliquer (Ex. Institution de la TVA agricole en 1967). Enfin, il arrive que la négociation soit prescrite par la loi, c'est le cas, par exemple, des forfaits agricoles collectifs.

Confrontée à ces multiples pressions, l'indépendance de l'administration fiscale est assurée par la concurrence des intérêts opposés ainsi que par le haut degré de moralité et le sens aigu du service public de ses fonctionnaires.

Dans ses rapports avec les contribuables, l'administration apparaît trop souvent comme la citadelle imprenable d'un pouvoir tout puissant. Or, l'administration n'est pas loin d'être monolithique et ses rapports avec les administrés varient suivant les catégories de contribuables. En tout cas, ils sont loin d'être toujours conflictuels comme voudraient le laisser penser ceux pour lesquels l'administration fiscale est avant tout un bouc-émissaire.

Tout d'abord l'immense cohorte des contribuables salariés (environ 15 millions), principaux pourvoyeurs de l'impôt sur le revenu, ne connaît guère de controverse avec le fisc, faute d'éléments à discuter. Seule la détermination réelle des frais professionnels qui reste optionnelle et relativement peu fréquente, peut prêter à discussion. La situation est la même pour les agriculteurs imposés suivant le régime du forfait collectif. Avec les grandes entreprises industrielles, commerciales ou financières, les occasions de conflit sont rares. Celles-ci peuvent, en effet, difficilement pratiquer la fraude systématique qui exigerait trop de complicité. Par ailleurs, lorsque un désaccord avec le fisc survient, elles préfèrent la voie de la négociation à celle de l'affrontement, d'autant que celle-ci s'exerce au plus haut niveau et que ces contribuables « gullivériens » disposent souvent des moyens requis pour se faire entendre.

En revanche, les risques de tension sont élevés lorsqu'il s'agit pour l'inspecteur des impôts de fixer les forfaits individuels des commerçants et des artisans, de procéder à l'évaluation administrative du revenu des membres des professions libérales, ou de contrôler la déclaration de ces mêmes contribuables s'ils sont placés sous le régime du bénéfice réel.

Ce type de relations, même partiellement dédramatisé par l'institution des centres et associations de gestion agréés, exige de la part des agents du fisc à la fois une fermeté et une compréhension qu'il n'est pas toujours aisé de concilier.

De ce point de vue, une amélioration du statut social des inspecteurs des impôts et une meilleure formation psychologique devraient éviter la plupart des crises tout en sauvegardant l'efficacité de l'action des intéressés.

Exposée et toute puissante, l'administration fiscale qui conçoit la norme et l'applique, joue un rôle essentiel dans un Etat où l'impôt est devenu un phénomène de société.

Lecture

— J.-C. Martinez, *Le statut de contribuable*, LGDJ, 1980.
— Les notes bleues, *L'activité de la Direction générale des impôts en 1984*, n° 282, 1986.
— Ministère du budget, *La direction générale des impôts, 1948-1978* numéro spécial de la revue de la D.G.I.
— Revue Française de Finances publiques, *L'administration fiscale* n° 15, 1986.
— Revue Française de Finances Publiques, *La douane*, n° 3, 1983.

Cf. Assiette, Cadastre, Centre de gestion agréé, Contribuable, Contrôle fiscal, Inspecteur des impôts, Sociologie fiscale.

AMORTISSEMENT FISCAL

D'une manière générale l'amortissement peut être défini comme la constatation et la compensation de la dépréciation que subit, au cours du temps, un capital.

Généralement la notion de capital fait référence à un capital matériel, *l'actif immobilisé* des entreprises, mais il est possible aussi d'envisager l'*amortissement du capital humain*. La force physiologique et l'habileté du travailleur manuel, le savoir et l'expérience du travailleur intellectuel peuvent légitimement être assimilés à des biens acquis et constitués par l'homme et périssables comme lui. L'extension de la notion de capital à la source des activités humaines permet d'introduire des considérations de portée sociale dans la notion de revenu. Fiscalement, il apparaît fondé de prendre en compte, non seulement les coûts du travail au sens strict (salaires, frais professionnels) mais aussi les coûts de maintenance de la santé physique et mentale des hommes ainsi que ceux d'une instruction élémentaire et même d'un minimum de loisirs nécessaire à la reconstitution de la force de travail. Ainsi, au-delà de l'exonération du minimum vital et de la déduction fiscale des cotisations sociales, on pourrait envisager d'admettre la déduction du revenu imposable des dépenses de santé qui excèdent les remboursements de la sécurité sociale (frais dentaires, par exemple). C'est une règle appliquée dans d'autres pays (Etats-Unis, Japon, Pays-Bas). En outre, les dépenses de formation ou de promotion professionnelle devraient s'imputer sur le revenu, ce qui faciliterait peut-être les conversions d'activités si indispensables à l'heure actuelle. Enfin, pourquoi ne pas envisager une politique de détaxation de certains loisirs culturels (musique, cinéma d'amateur, photographie) trop lourdement taxés du fait de la TVA à 33,1/3 % qui les frappe ?

Dans le cadre de l'entreprise, l'*amortissement de l'actif immobilisé* présente un triple intérêt comptable, fiscal et économique.

Du point de vue comptable, il garantit la sincérité de l'évaluation des actifs sociaux ; fiscalement, il permet la réalisation d'une économie d'impôt ; enfin, du point de vue économique, il facilite le remplacement du matériel et constitue l'une des principales sources de l'autofinancement des entreprises.

La *déduction fiscale des amortissements* n'est admise que si l'amortissement est pratiqué par le propriétaire de l'élément d'actif, s'il correspond à une dépréciation effective et s'il est constaté en comptabilité et figure sur un relevé spécial. Ainsi les biens pris en location et les biens qui ne se déprécient pas (terrains, titres, fonds de commerce) ne peuvent faire l'objet d'amortissement.

Cependant, en France, pour des raisons de sincérité comptable, la constation d'un *amortissement minimum* est indispensable chaque année.

Les *modes d'amortissement* sont variés.

Pendant longtemps l'*amortissement linéaire* a prévalu. Il consiste à déduire, chaque année, une somme constante, calculée en divisant le prix de revient du bien par le nombre d'années d'utilisation de ce bien. La fraction de la valeur de l'élément ainsi amorti annuellement constitue le taux d'amortissement. Les taux usuels d'amortissement relèvent des usages du commerce ; ils sont, en général, de 5 % pour les immeubles industriels, 10 % pour le mobilier de bureau, 20 % à 25 % pour les véhicules.

Actuellement, l'amortissement linéaire tend à être supplanté par l'*amortissement dégressif* qui permet d'amortir une fraction plus importante du prix d'une immobilisation pendant les premières années de son utilisation. L'amortissement dégressif facilite donc le remplacement éventuel de l'élément avant l'expiration de sa durée normale d'utilisation, ce qui est intéressant en période d'inflation rapide.

L'annuité d'amortissement dégressif se calcule en appliquant à la valeur comptable du bien, c'est-à-dire à son prix de revient diminué des amortissements, un taux d'amortissement majoré égal au taux linéaire multiplié par un coefficient fixé par les textes. Ce coefficient varie de 1,5 à 2,5 suivant la durée d'utilisation du bien concerné. Ainsi le taux d'amortissement s'applique à une base, la valeur résiduelle de l'élément, qui décroît chaque année : d'où le nom d'amortissement dégressif.

Les biens d'équipement de l'entreprise (machine, outillage, matériel de bureau, véhicules utilitaires) peuvent faire l'objet d'amortissements dégressifs. Les immeubles qui peuvent d'ailleurs bénéficier d'*amortissements exceptionnels* ne sont pas admis au bénéfice de l'amortissement dégressif, exception faite des hôtels et des bâtiments industriels légers.

Les *amortissements accélérés* sont des modes d'amortissement exceptionnels qui consistent à amortir dès la première année d'utilisation une fraction importante de la valeur du bien. La valeur résiduelle de l'élément est ensuite amortie, selon le mode linéaire, sur la durée normale d'utilisation. Ce type d'amortissement est pratiqué dans un but incitatif afin de développer les investissements dans la recherche, la lutte contre la pollution ou l'aménagement du territoire.

Lecture

— G. Kopits, *Comparaisons internationales des méthodes d'amortissement fiscal*, OCDE, Paris, 1975.

Cf. Bénéfice imposable, Capital, Investissement.

ARDANT, Gabriel
(1906-1977)

Après de brillantes études de philosophie et de droit, G. Ardant est reçu, en 1929, au concours de l'Inspection des Finances. Jusqu'à la guerre, sa carrière de haut fonctionnaire se déroule de manière traditionnelle : « la tournée » d'inspection d'abord, les cabinets ministériels ensuite, dès 1935.

A la Libération, il est nommé secrétaire général du *comité central d'enquête sur le coût et le rendement des services publics*. Ses préoccupations de l'époque préfigurent les études de rationalisation des choix budgétaires. Elles s'expriment dans un ouvrage : « Technique de l'Etat », publié aux PUF en 1953 et qui nourrira la technocratie naissante.

A partir de 1959, par conviction politique et par goût, il se tient à l'écart des hautes fonctions administratives. Il faut attendre 1971 pour le voir nommer membre du conseil des impôts, nouvellement institué. Il est vrai qu'entre temps, la publication de sa « Théorie sociologique de l'impôt » avait fait de lui l'un des maîtres à penser de cette discipline réputée ingrate. Dans sa thèse G. Ardant partait de l'idée que l'impôt, prélèvement obligatoire, est « une technique libérale ». « C'est le moyen de faire contribuer les individus aux dépenses de la vie en société, et aux besoins propres des dirigeants, tout en leur laissant le maximum de liberté » précisait-il dans son « Histoire de l'impôt » publiée en 1972, et qui reprenait, sous une autre forme, l'essentiel de la foisonnante érudition de la « Théorie sociologique de l'impôt ». Mais comment expliquer que « cette technique libérale s'est révélée, durant des siècles, l'oppression la plus odieuse » ? Du fait de l'inadaptation des conditions économiques qui rendait l'administration de l'impôt inquisitoriale.

Dans cette conception l'impôt n'est plus seulement un moyen comme un autre, pour couvrir les dépenses publiques, c'est l'enjeu d'une lutte politique et économique qui « reflète l'état véritable de la démocratie et de la liberté dans un pays et à une époque donnés » (A.G. Cohen).

A un moment où la fiscalité, devenant le souci de chacun, risquait de s'enliser dans la technicité, il revient à Gabriel Ardant le mérite d'avoir su montrer, avec éclat, l'universalité du phénomène fiscal et son importance pour l'avenir de nos sociétés.

Lecture

— G. Ardant, *Théorie sociologique de l'impôt*, SEVPEN, Paris, 1965.

— G. Ardant, *Histoire de l'impôt*, Fayard, 2 tomes, 1972.

— G. Ardant, *Histoire financière de l'antiquité à nos jours*, coll. Idées, Gallimard, 1976.

— A.G. Cohen, *Gabriel Ardant*, Vies et portraits, Universalia, 1978.

Cf. Consentement fiscal, Sociologie fiscale.

ASSIETTE

L'assiette de l'impôt est l'ensemble des opérations administratives qui ont pour but de rechercher et d'évaluer la matière imposable. Ainsi asseoir l'impôt abouti à déterminer la base d'imposition. Il arrive donc que le terme d'assiette soit utilisé comme un synonyme de base imposable.

Les opérations de recherche et d'évaluation de la matière imposable sont le plus souvent concomitantes. De plus, la notion d'assiette est étroitement liée à celle de contrôle. Les structures administratives traduisent d'ailleurs cette parenté.

La recherche de la matière imposable

La recherche de la matière imposable s'effectue par le procédé du recensement ou par celui de la déclaration d'existence.

Le *recensement* conduit les agents de l'administration à se déplacer pour rechercher la matière imposable. Ce procédé n'est utilisé que pour les anciens impôts (impôts directs locaux ou certaines contributions indirectes) qui sont établis le plus souvent sur des signes extérieurs. La « tournée des mutations » que l'inspecteur des impôts effectue dans les communes rurales afin de constater les changements survenus dans la matière imposable est caractéristique du recensement.

La *déclaration d'existence* est plus couramment employée actuellement. Il appartient alors au contribuable de déclarer l'existence de son activité ou de son entreprise à l'administration. Les redevables des taxes sur le chiffre d'affaires et ceux assujettis à l'impôt sur les sociétés sont soumis à cette obligation qui concerne aussi les redevables des droits de consommation ou de circulation et des droits de douane.

En matière d'impôt sur le revenu, la déclaration annuelle est à la fois une déclaration d'existence (renseignements relatifs au contribuable et à sa famille) et l'évaluation des bases d'imposition du contribuable.

L'évaluation de la matière imposable

La détermination de la base d'imposition s'effectue généralement par *évaluation* de la matière imposable, mais pour certains impôts fondés uniquement sur des indices tels que la possession d'un chien, d'une automobile, le *dénombrement* seul est suffisant.

Ces *impôts indiciaires* dont l'application dépend de la constatation de signes extérieurs ne sont plus guère employés dans les systèmes fiscaux modernes. L'*impôt sur les portes et fenêtres* qui constituait le type même de ces impositions a été supprimé en 1926. En effet, en dépit de sa simplicité, de sa clarté et de sa facilité de mise en œuvre qui évite tout risque de conflit entre le fisc et le contribuable, ce type d'impôt ne s'avère guère satisfaisant. Son rendement est médiocre et, de plus, il peut se révéler profondément injuste dans la mesure où il n'existe généralement qu'un lien de corrélation très lâche entre le ou les signes extérieurs retenus et la capacité contributive que l'on veut mettre en évidence. Cependant, les indices étant par définition difficiles à dissimuler, la détermination des bases d'imposition par la méthode indiciaire est parfois utilisée à titre de moyen subsidiaire ou de contrôle (imposition d'après les signes extérieurs de richesse ou sur le fondement des dépenses ostensibles et notoires).

L'évaluation de la matière imposable peut être le fait soit de l'administration, soit du contribuable. Elle peut aussi requérir la collaboration des deux parties.

L'évaluation administrative unilatérale est employée surtout pour les anciens impôts. Ainsi les impôts directs locaux sont établis à partir d'une évaluation de la valeur locative des biens fonciers faite suivant des règles nettement précisées par la loi fiscale. De même certains droits indirects, sur les alcools notamment, sont établis d'après le procédé dit « *de l'exercice* ». Celui-ci consiste dans une surveillance régulière, faite à domicile par les agents de l'administration et qui a pour objet de recenser et de prendre en charge les matières imposables. L'exercice et sa rigueur s'est atténuée par l'installation de compteurs agréés.

En ce qui concerne les impôts modernes (impôts sur le revenu, taxes sur le chiffre d'affaires, impôt sur les sociétés) l'évaluation administrative n'est utilisée qu'à titre de sanction.

L'évaluation par le contribuable est la plus couramment répandue dans les systèmes fiscaux des pays développés.

Dans ce cas le contribuable doit établir une déclaration dans laquelle il procède, conformément aux prescriptions de la loi fiscale, à la détermination de sa base d'imposition, sous le contrôle de l'administration. Ce procédé dit de la déclaration contrôlée est utilisé en matière d'impôt sur le revenu, de taxes sur le chiffre d'affaires, de droits d'enregistrement et de douane.

La *déclaration contrôlée* revêt l'allure d'une « confession fiscale » dont elle possède les avantages et les inconvénients.

L'avantage principal est que le contribuable est mieux placé que quiconque pour connaître le montant exact de la manière imposable (revenu, chiffres d'affaires ou capital) qui le concerne.

En revanche, cette déclaration impose au contribuable un travail complexe qui constitue une charge sur le plan économique et une source de tension sur le plan psychologique. De plus, les confessions ne sont pas toujours sincères. De ce fait l'efficacité de la méthode déclarative dépend surtout de l'efficacité des contrôles. Cela introduit les inégalités dans la connaissance de la matière imposable entre les catégories de contribuables pour lesquels les contrôles sont relativement aisés (salariés, professions réglementées ou conventionnées, propriétaires immobiliers, détenteurs de capitaux immobiliers) et celles pour lesquels les « recoupements » sont plus difficiles.

L'évaluation concertée est pratiquée dans le cas d'évaluation forfaitaire de la matière imposable. Il peut s'agir d'une concertation directe avec le contribuable. Il en est ainsi pour la détermination du forfait en matière de bénéfices industriels et commerciaux et l'évaluation dite administrative des bénéfices non commerciaux. En revanche, la détermination du forfait agricole est plus proche de l'évaluation unilatérale car les contribuables ne participent à l'évaluation que par le biais de leurs représentants dans les commissions administratives.

Lecture

— J.-P. Casimir, *Les signes extérieurs de revenus*, LGDJ, Paris, 1979.
— C. Gour, J. Molinier, G. Tournié, *Procédure fiscale*, Thémis, PUF, 1982.
— J. Lamarque, *Procédure fiscale*, Dalloz, Paris, 1985.

Cf. Administration fiscale, Cadastre, Contrôle fiscal, Forfait, Revenu imposable.

AVOIR FISCAL

L'institution d'un impôt sur les sociétés distinct de l'impôt sur le revenu des personnes physiques conduit à une surtaxation des dividendes distribués, dans la mesure où ces revenus sont imposés entre les mains des actionnaires, après avoir été taxés, en tant que profits, au nom de la société qui les a réalisés.

Cette superposition d'impôts ne constitue pas une double imposition au sens juridique du terme car elle affecte le même flux de revenus, mais pas le même contribuable. Cependant, sur le plan économique, elle est fréquemment dénoncée. On lui reproche notamment de défavoriser l'investissement mobilier et de décourager les distributions de bénéfices. C'est pourquoi de nombreux pays ont essayé d'atténuer cette double imposition économique, voire de la supprimer, en mettant en place un système de crédit d'impôt dit « avoir fiscal ».

L'avoir fiscal est une créance fiscale qui accompagne les dividendes distribués. Cette créance, que le contribuable est autorisé à déduire de sa dette fiscale, représente le remboursement, total ou partiel, de l'impôt sur les sociétés supporté par les dividendes perçus.

L'avoir fiscal, ainsi défini, peut donner lieu à de multiples variantes.

Tout d'abord, il peut être partiel ou total.

Dans la plupart des pays où il est appliqué il ne représente qu'une fraction de l'impôt sur les sociétés qui a frappé les dividendes : 61 % en France, 42 % en Belgique.

Mais dans certains pays (République fédérale allemande, Italie) il est égal au montant intégral de l'impôt sur les sociétés qui a grevé les bénéfices distribués. Cet avoir fiscal à 100 % supprime alors complètement la double-imposition. Pour justifier cette mesure, il a été invoqué, outre des considérations économiques, le fait que « l'impôt sur les sociétés est un impôt d'attente, un impôt technique, demandé aux sociétés afin de tenir lieu des recettes d'impôt sur le revenu des personnes physiques tant qu'on ne peut encore taxer ces personnes. Une fois l'attribution des bénéfices effectuée, l'impôt d'attente doit être retiré » (M. Lauré).

Quel que soit son montant l'avoir fiscal est toujours considéré comme un revenu qui s'ajoute au revenu imposable du contribuable. En revanche, les modalités d'imputation de cette créance fiscale sur l'impôt dû par le redevable peuvent différer. En France, le crédit d'impôt se déduit de la totalité de la dette fiscale et il peut même être remboursé s'il s'avère supérieur à celle-ci. En Belgique, au contraire, l'avoir fiscal n'est déductible que de la partie de l'impôt due à raison des bénéfices distribués, sans pouvoir être remboursé.

Dans certains pays, l'avoir fiscal se combine avec une retenue à la source qui joue le rôle de prélèvement de garantie. Cette retenue est imputée ensuite sur l'impôt global dû par le contribuable et, éventuellement, restituée.

Enfin, souvent l'avoir fiscal est assorti d'un *impôt compensatoire* afin que tous les dividendes puissent ouvrir droit au même crédit d'impôt. L'impôt compensatoire (appelé en France « *précompte mobilier* ») est dû par les sociétés qui distribuent des dividendes sur lesquels elles n'ont pas acquitté l'impôt sur les sociétés ou ne l'ont supporté qu'à un taux inférieur au taux de droit commun. En Grande-Bretagne, du fait de l'évaluation tardive du bénéfice imposable par le fisc, le versement de l'impôt compensatoire s'effectue de plein droit, au moment où les bénéfices sont distribués, sous la forme d'un compte sur l'impôt sur les sociétés (Advance Corporation Tax).

L'avoir fiscal, après avoir été controversé au moment de son institution qui remonte, en France, à 1965, est devenu d'application courante dans de nombreux systèmes fiscaux. Quelle que soit la simplicité et la relative équité du traditionnel cumul d'impôts, il paraît douteux que les pays qui y ont renoncé y reviennent. Mais il existe d'autres techniques pour atténuer ou supprimer la double imposition. Il est possible, par exemple, d'exonérer d'impôt tout ou partie du dividende perçu par l'actionnaire, ou bien d'appliquer un taux réduit d'impôt sur les sociétés aux bénéfices distribués. Ces techniques, qui peuvent d'ailleurs se combiner, à l'occasion, avec l'avoir fiscal, restent d'application plus limitées que ce dernier. En effet, l'avoir fiscal présente l'avantage sur le plan de la justice, de ne pas remettre en cause le jeu de la progressivité comme l'exonération des dividendes et de ne pas peser sur les choix financiers des entreprises comme la réduction de taux de l'impôt sur les sociétés. De plus, psychologiquement, il s'avère plus « gratifiant » pour le contribuable qui détient ainsi une créance sur le Trésor.

Lecture

— M. Lauré, *Quelle justice fiscale pour les dividendes ?*, Le Monde, 27 mai 1986.
— J. Roche, *Les avantages fiscaux accordés aux revenus des valeurs mobilières par la loi du 12 juillet 1965*, Actualité juridique. Droit administratif, 1966.

Cf. Impôt sur les sociétés, Investissement, Revenus mobiliers.

BÉNÉFICES AGRICOLES

Les revenus que procure l'exploitation de fonds ruraux par le propriétaire-exploitant, le métayer ou le fermier sont imposés à l'impôt sur le revenu dans la catégorie des bénéfices agricoles. Les profits tirés de l'élevage sont assimilés à des bénéfices agricoles, même si la nourriture des animaux est achetée et ne provient pas des terres de l'éleveur.

Les revenus procurés au propriétaire du fonds par l'affermage sont, en revanche, considérés comme des revenus fonciers car il s'agit là de la rente du sol et non d'un profit d'exploitation.

Pendant longtemps les difficultés spécifiques à la taxation des revenus agricoles, le poids de l'histoire et l'importance sociopolitique de l'agriculture en France ont conduit à une sous-imposition manifeste des bénéfices agricoles. Lentement les choses changent. L'impôt sur le revenu constitue toujours une part assez faible des charges agricoles, mais il n'est plus négligeable, d'autant que depuis 1972, un régime réel d'imposition s'applique pour les plus grandes exploitations. Les petits et moyens exploitants restent soumis au régime du *forfait collectif agricole* qui est beaucoup plus avantageux.

Lorsque les recettes annuelles d'une exploitation excèdent 500.000 F l'agriculteur, comme le commerçant, doit se soumettre à un régime d'évaluation réelle qui suppose la tenue d'une comptabilité. Toutefois l'exploitant, à l'instar des autres membres de professions indépendantes, peut adhérer à un centre de gestion agréé, ce qui lui permettra notamment de bénéficier d'un abattement sur son revenu. En outre, le passage au réel s'effectue par paliers et l'agriculteur pourra, jusqu'à un chiffre d'affaires annuel de 1.800.000 F, tenir une simple comptabilité de caisse et profiter des divers avantages attachés au régime du « *réel super-simplifié* ».

La déduction des déficits agricoles sur le revenu global est, toutefois, moins libéralement admise que pour les autres professions indépendantes.

En 1984, les entreprises agricoles se répartissaient ainsi entre les trois régimes d'imposition :

Forfait : 570.000
Bénéfice réel simplifié : 35.000
Bénéfice réel normal : 66.000

L'imposition suivant le *régime du bénéfice réel agricole* repose sur les mêmes principes que ceux appliqués aux bénéfices industriels et commerciaux. Cependant, il a fallu tenir compte des particularités économiques de l'exploitation agricole. Celles-ci peuvent se résumer en trois points :

— poids des investissements fonciers non amortissables ;
— lente rotation des stocks liée à la durée du cycle de production ;
— irrégularité importante des revenus consécutive aux aléas climatiques et aux fluctuations des cours des produits.

Ainsi, outre des mesures spéciales d'aménagement de certains éléments amortissables (vergers, vignes), un système de blocage de la valeur des stocks à rotation longue (vins, spiritueux, bovins) a été institué. Enfin, les revenus exceptionnels bénéficient soit d'un système de quotient par cinq comme les plus-values immobilières, soit d'une faculté d'étalement sur cinq ans.

Ces dispositions, qui tendent à adapter l'imposition réelle aux particularités de la profession agricole, sont nécessaires. Cependant, elles compliquent beaucoup la taxation des bénéfices agricoles et ne facilitent pas l'harmonisation des conditions d'imposition entre les différents types de bénéfices professionnels.

La *sous-estimation des bénéfices agricoles* par rapport aux revenus réels est plus importante que celle constatée pour les autres catégories de bénéfices (bénéfices industriels et commerciaux, bénéfices des professions libérales). Mais elle est en diminution. Les mutations de l'économie agricole et une politique fiscale adaptée devraient l'atténuer encore.

Lecture

— *Vers une réforme de l'imposition des bénéfices agricoles*, PUF, Paris, 1983.
— Conseil des impôts, « *Ve rapport relatif à l'imposition des bénéfices agricoles* », J.O., Imprimerie nationale, Paris, 1980.
— *La réforme de la fiscalité agricole*, Droit fiscal, 1984, n° 2-3.

Cf. Bénéfices d'exploitation, Bénéfices industriels et commerciaux, Forfait fiscal, Revenus fonciers.

BÉNÉFICE D'EXPLOITATION

C'est le bénéfice qui provient directement de la mise en œuvre de l'objet social de l'entreprise. Il est égal à la somme des ventes de l'exercice (V) et de la valeur du stock à la clôture de l'exercice, dit stock de sortie (Ss), diminuée de la somme des achats (A) de l'exercice et de la valeur du stock à l'ouverture de l'exercice, dit stock d'entrée (Se).

$$Be = (V + Ss) - (A + Se)$$

Ainsi toute minoration ou majoration de la valeur du stock de sortie entraîne une diminution ou une augmentation correspondante du bénéfice d'exploitation.

La question de l'évaluation des stocks est donc primordiale pour le calcul du bénéfice d'exploitation.

Les *stocks* sont constitués par les marchandises, les produits finis ou en cours de fabrication ainsi que les déchets qui appartiennent à l'entreprise à la date de l'inventaire et dont la vente peut permettre la réalisation d'un bénéfice.

Les stocks sont généralement évalués à leur prix de revient, mais l'évaluation au prix du marché est prévue lorsque ce dernier est inférieur au prix de revient. Cela permet de tenir compte de la dépréciation qui pourrait affecter les éléments du stock, mais l'entreprise n'est pas protégée contre les effets d'une hausse de prix qui, en augmentant la valeur nominale du stock de sortie, dégagerait un surplus de bénéfice imposable.

Pour pallier les conséquences fâcheuses d'une hausse des prix des stocks, il est appliqué en France un mécanisme de *provision*. Quand la hausse d'un élément en stock dépasse 10 % au cours d'une période d'au plus deux exercices successifs, une provision égale à la fraction de la hausse qui excède 10 % peut être constituée. Cette provision inscrite au passif du bilan compense l'augmentation de la valeur nominale du stock constatée. Cependant, la provision pour hausse des prix laisse à la charge de l'entreprise les effets de la hausse des prix jusqu'au seuil de 10 % ; ce qui fait que lorsque l'inflation monétaire est réduite, comme c'est le cas actuellement, le mécanisme correctif ne joue pratiquement pas. De plus, la provision pour hausse des prix ne constitue qu'une aide de trésorerie puisqu'elle est, en principe, réintégrée au bénéfice de l'exercice en cours à l'expiration de la sixième année qui suit la clôture de l'exercice durant lequel elle a été constituée. Ces imperfections expliquent que d'autres pays préfèrent corriger les effets de la hausse des prix sur les stocks soit par la méthode du L.I.F.O. (last in, first out), soit par celle du stock-outil.

La technique du *L.I.F.O.* (dernier entré, premier sorti) consiste à convenir que les unités du stock achetées en dernier lieu ont été les premières utilisées. Ainsi ce sont les unités acquises au prix le plus bas qui définiront la valeur du stock de clôture.

Le régime du *stock-outil* consiste à évaluer à prix constant (le prix initial) une partie du stock regardée comme le minimum indispensable au bon fonctionnement de l'entreprise. C'est le système le plus efficace contre la hausse du prix des stocks, mais la fixation du stock minimal est difficile et exige une collaboration entre le fisc et les entreprises qui fait souvent défaut.

Un autre problème lié à la détermination du bénéfice d'exploitation est celui du rattachement à l'exercice des *créances* et des *dettes*.

Le système de la *comptabilité d'exercice*, opposé au système de la *comptabilité de caisse*, implique que soient prises en compte au cours d'un exercice, outre les opérations au comptant, les créances acquises et les dettes certaines. L'accord sur la chose et sur le prix fait naître la créance. Fallait-il rattacher la créance à l'exercice qui l'a vu naître ? C'était opter pour une solution juridiquement fondée, mais pratiquement très incertaine. En effet, comme dit le poète, « de la coupe aux lèvres, il y a encore la place pour un malheur ». En comptabilisant les créances nées on risquait de comptabiliser un profit espéré, mais qui s'avérerait illusoire après l'exécution de la commande, Aussi, depuis 1980, les créances se rattachent, non plus à l'exercice au cours duquel elles sont nées, mais, en règle générale, à l'exercice au cours duquel intervient la livraison des biens ou l'exécution des services auxquels elles correspondent.

Lecture

— M. Cozian, *Les grands principes de la fiscalité des entreprises*, Litec, Paris, 1986.

Cf. Impôt sur les sociétés.

BÉNÉFICE IMPOSABLE

Le bénéfice imposable d'un contribuable peut se déterminer, en matière d'impôt sur le revenu, soit de manière forfaitaire, soit selon une évaluation réelle. En matière d'impôt sur les sociétés, l'évaluation réelle est seule pratiquée.

Les principes de détermination réelle du bénéfice imposable sont liés à la notion de revenu imposable. C'est à ce propos que s'est manifesté, de la façon la plus sensible, le passage d'une conception restrictive du revenu qui se marquait par l'application de la théorie dite du compte d'exploitation à une conception extensive du revenu qui se traduit par le recours à la théorie du bilan.

En vertu de la *théorie du compte d'exploitation*, le calcul du bénéfice imposable doit s'effectuer à partir des seules opérations qui constituent l'objet même de l'entreprise et qui portent sur des marchandises et des matières premières. Ces opérations sont d'ailleurs retracées par le compte d'exploitation. Quant aux opérations qui portent sur des capitaux, moyens d'action de l'entreprise, elles ne sont pas prises en considération.

Si, au contraire, on adopte la *théorie du bilan*, le profit, qui inclut les variations du capital, apparaît comme la différence entre l'actif net en fin de période et l'actif net, en début de période, déduction faite, bien entendu, des apports extérieurs, tels que les mises de fonds ou les emprunts et, y compris, inversement, les prélèvements opérés par le chef d'entreprise.

Cette méthode de détermination du bénéfice implique, en principe, une réévaluation de la totalité des actifs à l'issue de chaque exercice. En période d'inflation monétaire, elle risque donc de dégager un accroissement purement nominal de valeur dont l'imposition peut compromettre la marche de l'entreprise. De plus, la réévaluation des actifs est en soi une opération longue et compliquée, susceptible de s'avérer fort coûteuse. C'est pourquoi les pays qui ont adopté intégralement la théorie du bilan ont mis au point des techniques d'évaluation particulières (Allemagne, Luxembourg). Les autres pays se contentent d'appliquer une solution intermédiaire en taxant en plus du bénéfice les gains en capital effectivement réalisés en cours ou en fin d'exploitation.

Ainsi, en France, le bénéfice imposable est égal à la différence entre les éléments positifs du bénéfice (bénéfice d'exploitation, plus-values d'actif et recettes accessoires) et les éléments négatifs (frais généraux, amortissements, provisions). Généralement, afin de ne pas rompre artificiellement la continuité de l'exploitation, les déficits antérieurs sont pris en compte pour l'établissement du bénéfice net.

Cependant, le bénéfice fiscal diffère la plupart du temps du bénéfice comptable. En effet, la comptabilité tendra plutôt à établir un bilan commercial pessimiste afin de garantir au mieux les créanciers, tandis que le fisc est plutôt optimiste afin de ne pas réduire abusivement l'assiette de l'impôt. Pour faciliter le passage d'un résultat à l'autre, un tableau de passage retrace les rectifications extra-comptables qui doivent affecter le résultat comptable en vue d'obtenir le bénéfice fiscal.

Lecture

— A. Dersin, *La théorie authentique du bilan*, Revue de science financière, 1974.

Cf. Amortissement, Bénéfice d'exploitation, Frais généraux, Impôt sur les sociétés, Provisions fiscales, Plus-values, Revenu imposable.

BÉNÉFICES INDUSTRIELS ET COMMERCIAUX

Constituent des bénéfices industriels et commerciaux, les profits des professions industrielles et commerciales, au sens du code du commerce, exercées par des personnes physiques soit individuellement (exploitants individuels), soit en société (membres des sociétés de personnes ou assimilées).

En outre, bien qu'elles ne présentent pas, en principe, de caractère commercial au regard du droit privé, certaines activités sont considérées comme génératrices de profits commerciaux et sont taxées en conséquence. Sont ainsi regardés comme des bénéfices industriels et commerciaux, les bénéfices procurés par une activité artisanale ou extractive (exploitations de carrières ou sablières) ; les profits de certaines opérations immobilières telles que les plus-values assimilées à des gains de marchands de biens et les produits des locations meublées ou des locations équipées dans le cas d'immeubles professionnels.

Enfin, la force attractive de l'activité commerciale est telle, en droit fiscal, que lorsqu'un commerçant exerce conjointement à son activité principale des activités de nature agricole ou libérale, les profits qu'il tire de ces dernières sont imposés, en principe, comme des bénéfices industriels et commerciaux.

Les entreprises industrielles et commerciales relèvent de l'un des trois régimes d'imposition suivants : le forfait, le bénéfice réel simplifié, le bénéfice réel normal. En 1984, les redevables se répartissaient ainsi entre les trois régimes :

Forfait : 712.000
Réel simplifié : 586.000
Réel normal : 269.000

Le nombre des forfaitaires est en nette diminution au profit surtout du régime du bénéfice réel simplifié.

Le régime du *bénéfice réel simplifié* peut être choisi par les contribuables qui relèvent normalement du forfait et il s'applique de plein droit aux entreprises dont le chiffre d'affaires annuel est compris entre 500.000 F et 1.800.000 F. pour les marchands, hôteliers, restaurateurs et cafetiers et entre 150.000 F et 540.000 F pour les artisans et autres prestataires de services.

Le régime du réel simplifié facilite la déclaration des résultats qui ne comporte qu'un bilan abrégé, un compte de résultat fiscal simplifié et des relevés d'immobilisations, d'amortissements et de provisions. Cependant, en principe, les entreprises sont soumises aux règles comptables de droit commun semblables à celles appliquées pour le réel normal. Toutefois, depuis 1984, la tenue d'une comptabilité « super-simplifiée » qui se rapproche d'une simple comptabilité de caisse, est possible. Mais dans ce cas, l'entreprise ne peut pas constituer de provisions, ce qui peut être un grave inconvénient pour la gestion prévisionnelle.

Le régime du *bénéfice réel normal* est applicable de plein droit aux entreprises dont le chiffre d'affaires annuel dépasse les limites d'admission au réel simplifié soit respectivement plus 1.800.000 F et de 540.000 F. Cependant, les contribuables qui relèvent normalement de l'évaluation réelle simplifiée peuvent se placer volontairement sous le régime de l'évaluation réelle normale.

Le régime du bénéfice réel normal implique la tenue d'une comptabilité complète conforme au Plan comptable général ainsi que la présentation de tous les documents comptables et fiscaux (bilan, comptes de résultats, tableaux des immobilisations, amortissements, provisions, plus-values, frais généraux, etc.) qui doivent accompagner la déclaration des résultats.

Le bénéfice d'exploitation se détermine suivant les règles générales examinées par ailleurs qui sont aussi applicables à l'impôt sur les sociétés notamment. Toutefois, par rapport au profit taxable à l'impôt sur les sociétés, le bénéfice industriel et commercial présente deux particularités :

— il inclut, en principe, et sauf conventions internationales, les profits réalisés en France et *à l'étranger* par l'exploitant domicilié en France ;

— il exclut la déduction des salaires que se verse le chef d'entreprise.

Lecture

— Conseil des Impôts, « *IIIe rapport relatif à l'imposition des bénéfices industriels et commerciaux* », J.O. Imprimerie nationale, Paris, 1977.

— M. Cozian, *La définition fiscale du commerçant*, Mélanges R. Roblot, L.G.D.J., Paris, 1984 et, bien sûr, le *Précis de fiscalité des entreprises.*

Cf. Bénéfice d'exploitation, Bénéfice imposable, Forfait fiscal, Impôt sur le revenu, Impôt sur les sociétés, Salaires, Territorialité de l'impôt.

BOSTON TEA PARTY

Dans le port de Boston, le 16 décembre 1773, 342 caisses de thé appartenant à la Compagnie des Indes furent jetées par dessus bord par des colons américains déguisés en Indiens. Voilà les faits, bien anodins en vérité. Mais l'histoire les a retenus parce qu'ils constituent l'un des premiers actes de rébellion des colonies américaines contre l'Angleterre. En avril 1775 la guerre commençait et le 4 juillet 1776, le Congrès continental, qui rassemblait les colonies, adoptait la déclaration d'Indépendance.

Comme toutes les révoltes fiscales, la « Boston Tea Party » a un caractère hautement symbolique. Au sortir de la guerre de sept ans contre la France, la Grande-Bretagne tenta d'imposer aux colons américains une contribution à l'amortissement des dépenses de guerre. Or, les colonies qui aspiraient à plus d'indépendance vis-à-vis de la métropole, refusèrent cet impôt. « Pas d'impôt sans représentation » (« No taxation without representation ») telle était la règle constitutionnelle anglaise. Les habitants des colonies n'étant pas représentés au Parlement de Londres, n'avaient pas à payer un impôt établi sans leur consentement. Après plusieurs tentatives infructueuses pour soumettre les Américains à l'impôt, le Parlement britannique, pour empêcher l'agitation de s'installer, abolit, en 1770, toutes les taxes nouvellement établies, sauf celle qui pesait sur le thé. Refuser la détaxe du thé c'était, dans le monde anglo-saxon, « placer la question sur le terrain dangereux des passions ». En 1773, le monopole du commerce de cette même denrée, accordé à la Compagnie des Indes, allait finir d'échauffer les esprits. Un mouvement populaire jette à la mer toute la cargaison du premier navire de la Compagnie arrivé à Boston. Le Gouvernement britannique, outré, réagit par la répression (les « cinq lois intolérables » de 1774). La résistance américaine s'organise : le premier Congrès continental réunit en septembre 1774 toutes les colonies. La révolution était en marche, qui allait accoucher du premier Etat démocratique moderne, né sous les hospices du consentement de l'impôt, du libre-échange et du thé. « Honni soit qui mal y pense ! »

Lecture

— G. Ardant, *Histoire de l'impôt*, Fayard, Paris, 1972.
— J.-L. Syren, Les fondements théoriques de la révolte fiscale aux Etats-Unis, in *Etats, fiscalités, économies*, Actes du cinquième congrès de l'association des historiens économistes, Publications de la Sorbonne, Paris, 1985.

Cf. Consentement à l'impôt, Résistances fiscales.

CADASTRE

Le cadastre est « l'état civil » de la propriété foncière. Il recense, sous forme de fiches descriptives et de plans, l'ensemble des propriétés, bâties et non bâties, situées sur le sol français. Pour chacune il indique ses limites parcellaires, l'identité de son ou ses propriétaires (apparents ou réels) et sa valeur locative.

Ainsi le cadastre constitue non seulement un instrument précieux de gestion de la propriété foncière, mais il est aussi un auxiliaire du fisc auquel il permet d'asseoir les impôts locaux qui ont pour base la valeur locative cadastrale.

La constitution du premier cadastre général fut entreprise, en France, sous Napoléon Ier en 1808. Le cadastre napoléonien fut achevé en 1860 et il fallut attendre près d'un siècle pour qu'une loi de 1930 décide de rénover l'ancien cadastre et d'en assurer la

« conservation », c'est-à-dire la tenue à jour systématique. Ces dispositions reprises par le décret du 30 avril 1955 ont abouti à la rénovation du cadastre sur 50 millions d'hectares divisés en plus de 100 millions de parcelles. Pour Paris, dont le plan présentait des caractéristiques nettement différentes du cadastre national, c'est un cadastre entièrement nouveau qui a été confectionné. Il en a été de même pour les départements d'outre-mer qui n'en possédaient pas auparavant.

Parallèlement à ce travail de fond, une modernisation technique du plan cadastral a été entreprise : c'est le *plan cadastral normalisé* plus facilement utilisable par les usagers (uniformisation de l'échelle et de l'orientation).

La *mise à jour du cadastre* s'effectue en deux temps : le *repérage* qui se fait à partir des déclarations des contribuables, des extraits d'actes provenant de la conservation des hypothèques et des tournées des agents et le *report* de ces modifications sur la documentation cadastrale. Depuis 1986, il est mis en place un système informatique de mise à jour des informations cadastrales (MAJIC II) qui devrait permettre une prise en charge instantanée des renseignements recueillis.

La *consultation* du cadastre en mairie ou dans les bureaux du cadastre est, en principe, libre et gratuite. La fourniture d'extraits est soumise à la perception de droits modiques.

Lecture

— A. Maurin, *La rénovation du cadastre*, Thèse Droit, Aix-en-Provence, 1985 (à paraître chez Berger-Levrault).

Cf. Administration fiscale. Impôts locaux.

CAILLAUX, Joseph
(1863-1944)

Né dans une famille de grands bourgeois voués au service de l'Etat fils de ministre, Caillaux entre à vingt-cinq ans à l'inspection des Finances qu'il ne quittera que dix ans plus tard pour siéger à la Chambre.

Ses années d'apprentissage lui permettent d'affirmer sa réputation de spécialiste des finances (il publie, en 1896, « Les impôts en France») et le préparent aux rigueurs de la gestion publique.

Prudemment d'abord, puis avec plus de détermination au fur et à mesure que s'affirment sa stature politique et les conditions objectives d'une réussite, J. Caillaux, devenu ministre des Finances, va défendre un vaste projet de réforme fiscale. En 1909, après un combat de plus de deux ans, il fait adopter par la Chambre les impôts cédulaires et l'impôt général sur le revenu, mais le Sénat enterre le projet. Finalement le principe de *l'impôt général et progressif sur le revenu* sera introduit dans la loi de finances du 15 juillet 1914. Mais Joseph Caillaux avait alors d'autres soucis. Cinq jours plus tard s'ouvrait, en effet, devant les assises de Paris, le procès de sa femme Henriette, meurtrière du directeur du « Figaro ». Lorsque, trois ans après, le 31 juillet 1917, *les impôts cédulaires sur les revenus* sont institués en complément de l'impôt sur le revenu global, il est déjà impliqué dans une obscure machination politico-militaire qui le conduira en Haute Cour de justice sous l'inculpation « d'intelligence avec l'ennemie ». Ainsi J. Caillaux payait-il ses imprudences, son orgueil, son goût du pouvoir, mais aussi, et surtout, son attachement à la paix et à la justice fiscale.

Amnistié en 1925, il revient avec le Cartel des gauches au ministère des Finances, mais il refusera d'instaurer le prélèvement sur le capital, nouvel objectif symbolique des socialistes, qu'il tient pour démagogique et dangereux. Il termine alors sa carrière politique comme président de la commission des Finances du Sénat, écouté et redouté pour sa compétence, mais rejeté tant par la droite qui n'avait cessé de le haïr que pour s'en méfier, que par la gauche qui l'avait aimé, mais ne comprenait plus « le vieillard au cœur sec », l'adversaire de Blum.

Lecture

— J.-C. Allain, *Joseph Caillaux*, Imprimerie nationale, 2 vol. Paris, 1978-1981.
— J.-D. Bredin, *Joseph Caillaux*, Hachette, Paris, 1980.
— J. Caillaux, *Les impôts en France*, 2 vol. Paris, 1896 et 1904.
— J. Caillaux. *L'impôt sur le revenu*, Paris 1910 (recueil d'interventions parlementaires).
— J. Caillaux, *Mes mémoires*, 3 tomes, Plon, Paris, 1942, 1943, 1947.

Cf. Impôt sur le revenu, Réforme ficale, Thiers (Adolphe).

CAPITAL

Le terme « capital » est trop chargé de signification et d'affectivité pour pouvoir être défini de manière indiscutable. En outre, sur le plan fiscal, la distinction du capital et du revenu a été obscurcie par la formulation d'une notion large de revenu incluant tout enrichissement du contribuable au cours d'une période donnée. On peut, cependant, considérer comme capital toute accumulation de revenus ayant une certaine stabilité. La formation du capital suppose, en effet, tout au moins fiscalement, la détention durable d'une richesse. Ainsi, les plus-values, capital à l'état naissant, sont généralement assimilées à des revenus.

Selon que le capital est affecté à la production de richesses nouvelles (capital productif de l'entreprise) ou réservé à la jouissance individuelle ou familiale (fortune ou patrimoine), le traitement fiscal qui lui est appliqué est différent. Si le maintien et le renouvellement du capital productif est fiscalement favorisé (amortissements, provisions, déductions pour investissement), en revanche, les plus-values sont plus largement, et souvent plus lourdement, taxées. La simple détention du capital peut aussi être le fait générateur d'une imposition qui, en général, ne porte que sur la fortune privée. Enfin, quelle que soit son affectation, la transmission du capital est taxée, mais de nombreux aménagements fiscaux tendent à sauvegarder le potentiel productif des entreprises.

L'*objectif financier* n'est pas primordial dans l'imposition du capital. Celle-ci procure, en effet, des recettes qui excèdent rarement 5 % de l'ensemble des prélèvements obligatoires. Seuls les Etats-Unis, le Japon et le Royaume-Uni tirent de l'impôt sur le capital environ 10 à 12 % de leurs recettes. L'importance relative de la fiscalité assise sur le capital tend d'ailleurs à diminuer depuis une vingtaine d'années (cf. statistiques fiscales de l'OCDE).

Ces chiffres sont majorés de quelques points dans les statistiques du Conseil des impôts qui adopte une définition plus large de l'impôt sur le capital, mais le sens de l'évolution reste le même.

Du *point de vue économique*, la taxation du capital risque de comporter plus d'inconvénients que d'avantages, même s'il est vrai qu'elle peut inciter les contribuables à mieux rentabiliser leurs actifs.

L'imposition du capital a donc, le plus souvent, une *finalité sociale* : assurer une certaine redistribution des richesses et sauvegarder la justice fiscale. Le premier de ces objectifs est rarement atteint car il impliquerait des taux d'imposition confiscatoires, le second l'est indirectement en ce sens que l'impôt sur le capital tempère généralement les inégalités nées de l'application des impôts sur le revenu et sur la dépense.

Les *modalités d'imposition du capital* sont multiples, certaines sont examinées sous d'autres rubriques. Il en est ainsi notamment des gains en capital et du capital foncier. Seuls l'impôt général sur la fortune et les droits d'enregistrement sur les transmissions du capital seront ici abordés.

L'impôt sur la fortune est devenue une composante normale de nombreux systèmes fiscaux (Allemagne, Suisse, Suède). On peut lui découvrir une triple vertu. Il permet, tout d'abord, d'opérer une juste discrimination entre les revenus provenant du travail et ceux provenant du capital que l'impôt unitaire sur le revenu ne rend plus possible. Il conduit à une meilleure connaissance de l'ensemble des facultés contributives en permettant notamment de taxer indirectement les revenus psychologiques que procure la fortune. Enfin, il constitue pour l'administration un moyen de contrôle de certains revenus.

Mais pour être bien toléré l'impôt sur la fortune doit être financièrement et psychologiquement indolore. Pour cela il sera généralement perçu à un taux très modéré, sur une assiette large, évaluée de manière forfaitaire pour plusieurs années. De plus, son institution devra être ressentie par les contribuables plutôt comme un sacrifice indispensable que comme une sanction. De ce point de vue les circonstances qui entourent sa création seront décisives. En particulier, un gouvernement conservateur le fera mieux accepter qu'un gouvernement socialiste.

C'est pour n'avoir pas satisfait à ces règles de prudence que *l'impôt sur les grandes fortunes*, institué par la loi de finances pour 1982, cessera de s'appliquer en 1987.

Les *transmissions du capital* sont soumises à des droits d'enregistrement que la mutation de propriété soit effectuée à titre onéreux ou à titre gratuit.

Les *droits de mutation à titre onéreux* comportent des inconvénients énomiques car ils constituent un obstacle aux transactions des biens et des valeurs. Ils ne sont guère compatibles avec une gestion efficace du capital, aussi sont-ils inconnus aux Etats-Unis et peu élevés dans les pays anglo-saxons. En revanche, en France, ils sont nombreux et relativement lourds.

Ainsi, les *ventes d'immeubles* sont frappées d'un taux de 16,60 % (15,40 % taxe départementale et 1,20 % taxe communale) auquel il faut ajouter la taxe régionale qui peut aller jusqu'à 1,60 %. Ce droit est calculé sur le prix exprimé dans l'acte ou la valeur vénale de l'immeuble si celle-ci apparaît supérieure au prix. Cependant, ce régime fiscal sévère ne s'applique pas à toutes les ventes d'immeubles. La production et la commercialisation d'immeubles neufs est soumise à la TVA, ce qui permet d'assurer la neutralité de l'imposition. En outre, les ventes d'immeubles affectés à l'habitation sont taxées au taux réduit de 5,40 % lorsqu'elles ne sont pas soumises à la TVA. Des taux réduits sont aussi prévus pour les opérations de restructuration industrielles ou agricoles. Enfin, les acquisitions effectuées par des personnes morales publiques (Etat, collectivités locales, établissements publics) sont exonérées.

Les *cessions de fonds de commerce* sont taxées au taux de 16,60 %, sauf en ce qui concerne les brevets d'inventions (droit fixe) et les marchandises neuves dont la vente est soumise à la TVA.

Enfin, les *droits d'enregistrement sont réduits pour les sociétés*. Lors de la constitution des sociétés le droit d'apport ordinaire est de 1 % sur les espèces et valeurs assimilées (brevet, créances, valeurs mobilières). En revanche, ce droit est majoré lorsque l'apport est fait à titre onéreux (taux des ventes) ou quand il consiste en immeubles ou fonds de commerce apportés à une société soumise à l'impôt sur les sociétés (II, 40 %). En effet, en raison de l'autonomie patrimoniale de ces sociétés, le fisc estime qu'il y a dans ce cas une véritable translation de propriété entraînant la perception de droits.

Les cessions de droits sociaux sont taxés au taux de 4,80 % et lors de la dissolution des sociétés, le partage fait l'objet d'un droit de 1 % sur le montant de l'actif net réparti. Les fusions bénéficient d'un régime de faveur en raison de leur intérêt économique.

Les droits de mutation à titre gratuit (donations, successions) sont généralement assez lourds car leur taux est souvent progressif. Cependant, l'amputation du capital qui résulte de l'application de ces droits est plus acceptable du point de vue économique car, pour les droits de succession tout au moins, ils ne frappent les patrimoines que tous les trente ans environ. Toutefois, ils peuvent gêner la transmission anticipée des entreprises familiales, si bien que les biens productifs bénéficient souvent lors des mutations à titre gratuit d'un régime de faveur (Etats-Unis, Grande-Bretagne).

Il existe deux formes principales de taxation du capital par suite de décès : l'*impôt sur l'actif successoral* (Royaume-Uni, Etats-Unis) qui est levé sur la valeur de l'actif global laissé par le défunt et *l'impôt sur les parts successorales* (pays européens continentaux) qui est perçu sur la fraction d'héritage de chaque légataire.

L'impôt sur les parts successorales, tel qu'il est appliqué en France, ne dispense pas les successibles de déclarer au fisc la totalité de l'actif net successoral. Celui-ci est égal à l'actif brut (biens de toute nature, créances, liquidités) diminué du passif (dettes), du montant de certains frais (de dernière maladie, funéraires) et la valeur des biens exonérés.

L'impôt est calculé en appliquant un tarif progressif au montant de la part nette de chaque bénéficiaire. Celle-ci est diminuée au préalable d'un abattement à la base de 275.000 F pour les héritiers en ligne directe. En effet, l'impôt successoral est très personnalisé, l'abattement, comme le tarif, varient en fonction du degré de parenté. Des réductions d'impôts sont même accordées pour tenir compte des charges de famille de l'héritier ou du donataire. Les taux d'imposition, augmentés en 1982, varient de 5 à 40 % en ligne directe. Pour les non-parents un taux unique de 60 % est appliqué. Ces taux sont élevés. Ils correspondent certes à un souci de justice et de redistribution, mais ils risquent de décourager l'épargne et l'investissement.

Les donations sont soumises au même régime fiscal que les successions. Toutefois, la de loi de finances pour 1987 rétablit, sous certaines conditions, l'abattement de 25 % sur les donations-partage qui avait été supprimé en 1982.

L'application du barème progressif et des abattements ou réduction de droits s'effectue, tant lors des donations successives qu'au moment de la succession, compte tenu du cumul des donations successives reçues, durant sa vie entière par un même bénéficiaire, d'un même donateur et testateur.

Les droits de mutation à titre gratuit doivent, en principe, être acquittés au comptant dans les six mois du décès. Sous certaines conditions, leur paiement peut être échelonné sur une période de cinq à dix ans.

Ainsi que l'a souligné récemment le conseil des impôts, l'imposition du capital s'est développée, en France, sans vision d'ensemble et sans réexamen périodique. Il en résulte un alourdissement et un défaut de cohérence de la fiscalité pesant sur les patrimoines. Un groupe de travail devrait incessamment proposer des mesures d'allègement et de simplification, notamment en ce qui concerne les transmissions d'entreprises.

Lecture

— Conseil des impôts, *VIIIe rapport relatif à l'imposition du capital*, Imprimerie nationale, Paris, 1986.
— J.-L. Haÿ, *L'imposition du capital*, Que sais-je ? n° 2268, Paris, 1986.
— C.T. Sandford, *Taxing Personal Wealth*, Allen & Unwin, Londres, 1971.

Cf. Collectivités locales, Enregistrement, Investissement, Plus-values.

CENTRES DE GESTION AGRÉÉS

Afin d'inciter les contribuables soumis au forfait à opter pour un régime de bénéfice réel, le législateur a prévu, en 1975, l'institution d'organismes qui les aideraient à remplir leurs obligations fiscales et à gérer leur entreprise, tout en leur assurant le même traitement fiscal qu'aux salariés (abattement de 20 %).

Les centres de gestion sont des associations créées à l'initiative des experts-comptables ou des organisations professionnelles. Ils sont agréés par l'administration qui met à la disposition de chaque centre un inspecteur des impôts chargé d'une mission d'assistance technique et non de contrôle.

En contrepartie, les adhérents à ces organismes, bénéficient, sous certaines conditions et dans certaines limites, d'avantages fiscaux qui consistent en un abattement de 20 % sur le bénéfice imposable (à l'instar des salariés), une déduction plus importante de la rémunération versée au conjoint dans les entreprises individuelles et une réduction d'impôt de 2 000 F, destinée à compenser les frais de tenue de comptabilité pour les petits contribuables.

Bien entendu, l'adhésion à un centre de gestion agréé implique la renonciation au forfait et l'option pour un régime de bénéfice réel. De plus, le bénéfice de l'abattement est remis en cause si une vérification ultérieure aboutit à un redressement fiscal pour lequel la mauvaise foi de l'adhérent est établie.

Cette institution originale, qui concerne tant les commerçants, les agriculteurs que les membres des professions libérales (associations agréées), devrait non seulement améliorer la connaissance des revenus, mais encore et surtout faciliter les relations entre l'administration et les contribuables en évitant l'affrontement singulier et inégal qui est source de conflit. De plus, elle pourrait contribuer à améliorer la gestion des petites et moyennes entreprises.

Ainsi, ces organismes qui regroupent maintenant environ 600.000 adhérents, jouent-ils un rôle non négligeable dans la modernisation de l'économie en France.

Lecture

— *Conseil des impôts*, « VIIe rapport relatif à l'impôt sur le revenu », Imprimerie nationale, Paris, 1985.

— *Institut de droit des Affaires de l'Université d'Aix-Marseille III*, « Les centres de gestion agréés : bilan et perspectives », Presses universitaires d'Aix-Marseille, 1984.

— C. Louit et A. Charny, *Réflexions sur le rôle des centres de gestion agréés* : JCP, 1980. éd. CI, II, 13292 ; JCP, 1981, éd. CI, II, 13523 ; JCP, 1983, éd. CI, I, 11500.

Cf. Forfait fiscal.

CHIFFRE D'AFFAIRES

L'idée d'imposer le chiffre d'affaires d'une entreprise, c'est-à-dire le montant global de ses ventes pendant une période donnée, est relativement récente. C'est avec l'impôt général sur les ventes de marchandises (Warenumsatzstempel), institué en 1916 en Allemagne, que l'imposition du chiffre d'affaires apparaît dans les systèmes fiscaux des pays industrialisés. Elle ne tardera pas à se diffuser dans tous les pays du monde.

Les taxes sur le chiffre d'affaires sont des impôts synthétiques, de taux « ad valorem », qui peuvent être indirectement personnalisées. En effet, leur base d'imposition, le chiffre d'affaires, est une donnée économique et comptable qui est soumise à un taux d'imposition généralement proportionnel. Elles s'opposent aux anciens droits indirects de consommation (droits sur les alcools, sur les tabacs) qui sont des impôts analytiques, réels et de taux spécifique.

Les taxes sur le chiffre d'affaires peuvent frapper les ventes de produits et de biens seulement ou les ventes et les prestations de services comme c'est le cas dans les pays de la CEE.

Il existe deux grands types de taxes sur le chiffre d'affaires : les taxes cumulatives, les taxes non cumulatives.

Les *taxes cumulatives*, dites à cascade, frappent chaque transaction, sur la valeur globale de celle-ci. Elles permettent d'obtenir des recettes élevées avec des taux relativement bas. De plus, leur administration est relativement simple, puisqu'elles frappent, sans exception, toutes les transactions qui affectent un produit au cours de son circuit de production et de commercialisation. En revanche, elles risquent de grever lourdement les prix dans les économies industrielles où la division du travail social est très poussée. En outre, elles pèsent inégalement sur les circuits économiques et incitent les entreprises à adopter des circuits courts ou des techniques de production et de commercialisation intégrées. Ce défaut de neutralité des taxes cumulatives expliquent qu'elles aient pratiquement disparu dans les systèmes fiscaux des pays industrialisés.

Les systèmes de *taxes non cumulatives* peuvent se présenter, à l'état pur, sous la forme d'un système de *taxe unique* ou adopter la forme mixte de la *taxe unique à paiement fractionné* dite *taxe sur la valeur ajoutée*.

Comme son nom l'indique, la *taxe unique* est perçue une seule fois, à un stade déterminé, sur la valeur globale du produit à ce stade. La perception de la taxe peut s'effectuer lors du passage du cycle de la production à celui de la commercialisation (ancienne taxe unique à la production française) ou au passage du commerce de gros au commerce de détail (Australie, Finlande) ou, enfin, lors de la dernière vente au détail (Etats-Unis).

La taxe unique a un moindre rendement que les taxes cumulatives, sauf si elle est perçue à un taux élevé, ce qui d'ailleurs incite à la fraude. En outre, son rendement est peu sûr car toute défaillance du redevable légal de l'impôt prive le Trésor de la totalité de la taxe qui affecte le produit. Enfin, l'administration de la taxe s'avère compliquée dans la mesure où les livraisons effectuées entre les assujettis avant le stade de perception doivent être faites en suspension de taxe. Cependant, la taxe unique présente l'avantage d'être économiquement neutre du fait qu'elle pèse moins lourdement dans les prix que les taxes cumulatives et que son rendement est indépendant de la longueur des circuits économiques et des structures de production et de commercialisation. De plus, la détaxation à l'exportation peut être totale, ce qui assure la neutralité des échanges internationaux.

La *taxe unique à paiement fractionné* est un type de taxe mixte institué en 1948 en France. Comme les taxes cumulatives elle est perçue lors de chaque transaction, mais elle reste neutre car chaque assujetti est autorisé à déduire du montant de la taxe qui a grevé ses ventes, le montant de celle qui a grevé ses achats. Ainsi chaque assujetti ne reverse au fisc qu'une fraction de la taxe perçue, si bien qu'à la fin du circuit économique le montant cumulé des taxes encaissées par le Trésor est égal au montant de la taxe unique qui gréverait le prix de vente au détail.

La généralisation de la taxe unique à paiement fractionné a permis de ne taxer, lors de chaque transaction, que la différence entre la valeur du produit livré et son coût total de production autrement dit la valeur ajoutée par le redevable. Ainsi est apparue la taxe sur la valeur ajoutée qui est une taxe unique à paiement fractionné généralisée.

Les *taxes sur les ventes au détail*, qui sont non cumulatives, sont très proches de la TVA. Leur rendement est comparable, puisque le prix de vente au détail est égal à la somme des valeurs ajoutées durant le circuit de production et de commercialisation. De même, à l'instar de la TVA, ces taxes sont neutres vis-à-vis des circuits économiques car elles n'interviennent qu'à leur terme et que les biens exportés peuvent, sans difficulté, être exonérés. Enfin, du point de vue administratif, elles semblent plus faciles à appliquer et à gérer que la TVA du fait qu'elles concernent un nombre plus faible de contribuables ayant à accomplir des formalités plus simples.

Cependant, le rendement des taxes sur les ventes au détail est moins sûr que celui de la TVA en raison de la perte intégrale de la taxe lors de la défaillance du redevable et de l'absence du contrôle par recoupement qui découle du système des déductions dans la TVA. En outre, la neutralité des taxes sur les ventes au détail n'est pas aussi complète que celle de la TVA du fait des difficultés soulevées par l'exonération des matières premières et des moyens de production. Enfin, la relative simplicité d'administration de ces taxes est contrebalancée par les difficultés d'assiette et de contrôle qu'elles entraînent, surtout lorsque le nombre des détaillants est très élevé comme en France. En définitive, la taxe sur les ventes au détail ne fonctionne de manière satisfaisante que si son taux est faible et son champ d'application limité. Elle constitue souvent une excellente taxe locale au rendement modéré, mais sûr (France avant 1968, Etats-Unis).

Lecture

— J. Lafourcade, *Les perspectives économiques des TCA*, Thèse d'Etat, Rennes, 1980.
— G. Schmölders, *Turnover Taxes*, Bureau international de documentation fiscale, Amsterdam, 1966.

Cf. Droits indirects, Harmonisation fiscale, TVA.

CLASSIFICATIONS FISCALES

Le terme impôt recouvre en réalité une grande diversité de prélèvements. L'organisation de la connaissance fiscale nécessite donc, en premier lieu, le dénombrement et la classification des différents types d'impôts qui constituent un système fiscal.

Les distinctions traditionnellement établies ne sont pas toujours entièrement satisfaisantes, aussi de nouvelles classifications ont-elles été proposées.

Les classifications traditionnelles

La plus ancienne est celle qui oppose l'*impôt direct* à *l'impôt indirect*. C'est une distinction commode qui a longtemps servi de fondement à l'organisation de notre administration fiscale (régie des contributions directes, régie des contributions indirectes). Pourtant, quel que soit le critère sur lequel on tente de l'établir, elle demeure irrévocablement empirique.

Si l'on retient le critère de l'*incidence*, la distinction s'établirait entre les impôts qui restent à la charge de ceux qui y sont assujettis (impôts directs) et ceux dont le fardeau peut être reporté par les contribuables sur des tiers qui deviennent ainsi les véritables redevables (impôts indirects). Ce critère de l'incidence fait dépendre la classification de phénomènes économiques de translation et de répercussion de l'impôt qui sont très complexes et largement conjoncturels. De plus, il s'applique très imparfaitement. Ainsi, l'impôt sur les sociétés est généralement classé parmi les impôts directs alors qu'il est, le plus souvent, répercuté dans les prix. Au contraire, l'impôt sur les successions, l'un des impôts le moins répercutable, est regardé comme un impôt indirect.

Le critère du *fait générateur et du rôle*, qui est lié à la mise en œuvre administrative de l'impôt, paraît plus solide. L'impôt direct est alors celui qui atteint, de façon périodique, des situations ayant un certain caractère de permanence et pour l'établissement desquels il est possible de dresser une liste des contribuables : le rôle. L'impôt indirect, au contraire, vise des événements (transactions, mutations de propriété) dont le caractère occasionnel et imprévisible rend impossible toute tentative d'enrôlement. Mais fonder la distinction entre l'impôt direct et indirect sur le critère du fait générateur et du rôle c'est la faire dépendre de contingences purement administratives. Ainsi, une taxe sur le chiffre d'affaires peut être perçue lors de chaque transaction ou sur le chiffre d'affaires annuel du contribuable. Impôt indirect dans le premier cas, elle se transforme en impôt direct dans le second sans que rien d'autre que sa modalité de perception n'ait changé. Une classification qui permet de tels tours de « passe-passe » n'est pas scientifiquement fondée.

L'opposition entre l'*impôt réel* et l'*impôt personnel* est aussi très ancienne. L'impôt réel est celui qui vise un élément économique sans considération de la situation personnelle de son détenteur. Les taxes foncières locales, les droits d'enregistrement sur les immeubles sont, en principe, des impôts réels. L'impôt personnel atteint l'ensemble de la capacité contributive du redevable en tenant compte de sa situation et de ses charges de famille. L'impôt sur le revenu, les droits de successions sont des impôts personnels. On notera la tendance du législateur à personnaliser même les impôts qui, par nature, sont des impôts réels. Ainsi, un impôt de consommation comme la TVA est personnalisé par l'adoption d'un tarif échelonné qui va de l'exonération des produits de première nécessité à la surtaxation des produits de luxe. Il y a lieu de s'interroger sur la portée et l'intérêt d'une telle politique.

Proche de la classification précédente, la distinction *impôts analytiques* et *impôts synthétiques* consiste à opposer les impôts qui ne frappent qu'un élément d'un patrimoine ou une catégorie de revenu à ceux qui atteignent une valeur ou une situation économique prise dans son ensemble. Ainsi l'*impôt cédulaire* sur le revenu est un impôt analytique qui n'atteint qu'une catégorie de revenu, alors que l'*impôt général* sur le revenu fait la synthèse de toutes les sources de revenus avant d'en atteindre le montant glo bal. L'impôt analytique est le plus souvent proportionnel, alors que l'impôt synthétique se prête volontiers à la progressivité. En fiscalité le sens de l'histoire c'est le passage d'un système fiscal formé d'impôts analytiques à un système fiscal composé d'impôts synthétiques. En effet, l'impôt synthétique est à la fois plus neutre économiquement et d'un meilleur rendement que l'impôt analytique.

Les distinctions qui viennent d'être examinées sont utiles dans l'étude du phénomène fiscal, elles n'ont cependant pas le caractère de généralité que présente la *classification économique de l'impôt* qui prend comme critère la ressource économique atteinte par le prélèvement fiscal.

Cette typologie, actuellement la plus employée, distingue entre l'*impôt sur le revenu*, l'*impôt sur le capital* et l'*impôt sur la dépense*.

Cette distinction est claire, bien qu'il existe à la limite quelques difficultés pour distinguer le revenu du capital lorsqu'on adopte une notion large de revenu ou même le revenu de la dépense dans le cas où cette dernière est soumise à impôt général et progressif. Il est certain, cependant, que cette classification est la plus sûre de toutes celles examinées jusqu'ici car elle repose sur l'élément essentiel du fait fiscal : sa nature économique.

Les classifications nouvellement proposées

Soucieux de mettre en évidence l'unité du système fiscal, G. Tournié montre qu'il n'existe pas de différence de nature entre le revenu, la dépense et le capital. « La dépense est une autre façon de concevoir le revenu sous l'angle de son emploi… le capital (est) seulement du revenu accumulé ». Ainsi propose-t-il une classification des impôts fondée sur les *trois moments du cycle des richesses : l'acquisition, la possession et l'utilisation*. L'acquisition des richesses donne lieu à l'imposition de l'*enrichissement* (impôts sur le revenu, droits de succession et de donation), leur utilisation à l'imposition de la *dépense* (TVA, enregistrement, contributions indirectes, taxe professionnelle et taxe d'habitation), leur possession à l'imposition du *patrimoine* (impôt général sur la fortune, taxes foncières, taxes sur certains biens).

Cette typologie, très proche de la classification économique, a le mérite de mettre l'accent sur l'unité profonde de la matière imposable. Cependant, cela ne vas pas sans un danger de confusion, engendré notamment par la proximité des notions d'utilisation et de possession. Celles-ci sont plus souvent complémentaires qu'exclusives et vouloir fonder même partiellement une classification sur leur distinction ne va pas sans risque d'artifice.

Dans l'ouvrage que l'auteur de ces lignes a écrit avec L. Mehl, il est envisagé une *typologie fiscale nouvelle découlant d'une analyse systémique de l'impôt*. En utilisant la notion de « variable économique » (rationalisation de la matière imposable) et celle de « changement d'état » (rationalisation du fait générateur) nous distinguions entre : les impôts dus à raison du seul fait de l'existence de la variable économique, sans changement d'état (capitation, taxes foncières, impôts sur la fortune ou l'actif des entreprises) ; les impôts dus à raison d'une variation de valeur sans transfert (imposition des plus-values latentes lors d'une révision des bilans) ; les impôts dus à raison du seul transfert juridique (droits de mutation à titre gratuit et onéreux) ou du simple déplacement physique : franchissement d'une frontière (droits de douane) ou de la mise en circulation (droits de consommation) et, enfin, les impôts dus à raison à la fois d'une variation de valeur et d'un transfert (impôts sur le revenu, taxe sur la valeur ajoutée).

Cette classification a le mérite d'une certaine précision, mais elle est relativement complexe. De plus, si elle s'adapte bien à tous les systèmes fiscaux, elle rend difficile la ventilation des impôts dans les systèmes fiscaux modernes dont les prélèvements les plus importants figurent dans une même classe. En revanche, employée à l'étude historique de l'impôt, elle devrait permettre de faire apparaître d'intéressantes évolutions.

Les différents impôts peuvent être aussi regroupés en fonction de leur objet (fiscalité immobilière, fiscalité de l'épargne, fiscalité des assurances) ou en considération du sujet de l'obligation fiscale (impôts sur les entreprises et impôts sur les ménages). Toutefois, ces regroupements commodes tant pour l'administration que pour l'étude des divers prélèvements, ne constituent pas de véritables classifications dans la mesure où ce sont souvent les mêmes impôts qui sont appliqués, dans des conditions différentes, aux différents objets et sujets.

En définitive, il semble illusoire de vouloir élaborer une classification utilisable dans tous les domaines de la connaissance fiscale. Dans la panoplie des typologies existantes, l'utilisateur devra chercher celle qui est la plus adaptée aux fins qu'il se propose d'atteindre.

Lecture

— J.-C. Ducros, *Les classifications fiscales dichotomiques*, Revue de science financière, 1974.
— L. Mehl et P. Beltrame, *Science et technique fiscales*, PUF, Paris, 1984.
— G. Tournié, *La politique fiscale sous la Vᵉ République*, Privat, Toulouse, 1985.

Cf. Capital, Dépense, Egalité devant l'impôt, Impôt, Revenu imposable, Système fiscal

COMMISSIONS FISCALES

Ces commissions, ouvertes aux contribuables ou à leurs représentants, sont courantes en matière fiscale. Elles constituent une garantie pour les redevables qu'elles associent à l'acte d'imposition et auxquels elles offrent un certain « droit à la contradiction » (J.-C. Martinez). De plus, ces organismes donnent l'occasion aux pouvoirs publics de solliciter la participation de spécialistes rendue nécessaire par « la technicité croissante du droit fiscal et dont les connaissances permettent d'atténuer les excès d'une fiscalité pesante » (A. Heurté).

Les commissions peuvent avoir pour mission d'arbitrer les différents entre l'administration et les contribuables quant à l'évaluation des bases d'imposition, de participer à la fixation des forfaits collectifs ou même d'intervenir dans le contentieux de l'impôt. Elles peuvent détenir des pouvoirs de décision ou n'avoir qu'un rôle consultatif.

Les *commissions communales des impôts directs* et les *commissions consultatives départementales des évaluations foncières des propriétés non bâties* interviennent dans la procédure de fixation de la valeur locative des propriétés bâties et non bâties qui servent d'assiette aux taxes foncières locales. Leur rôle est purement consultatif.

La commission départementale de conciliation est une commission paritaire présidée par un magistrat du siège. Elle formule un avis sur les litiges concernant les prix ou les évaluations qui servent de base aux droits d'enregistrement.

La commission des infractions fiscales, placée sous la présidence d'un conseiller d'Etat et composée de magistrats, se prononce sur l'opportunité de poursuites pénales en matière fiscale. L'avis de la commission lie l'administration. L'intervention de la commission incite le fisc à limiter le recours à la répression pénale aux seuls cas d'agissements frauduleux graves et manifestes (environ 500 par an).

Le comité consultatif des abus de droit peut être saisi par l'administration lorsqu'elle prétend requalifier un acte juridique afin de percevoir un impôt éludé par une qualification abusive (donation déguisée en vente, par exemple). Ce comité composé d'un conseiller d'Etat, d'un conseiller à la Cour de cassation, d'un professeur des facultés de droit et du directeur général des impôts, n'est qu'exceptionnellement consulté.

La plus connue et la plus importante des commissions, tant par l'étendue de ses compétences que de ses pouvoirs, est sans contes te, la *commission départementale des impôts directs et des taxes sur le chiffre d'affaires.* Présidée par un conseiller du tribunal administratif, la commission est composée de trois fonctionnaires des impôts et de quatre représentants des contribuables désignés par les organisations professionnelles. L'identité de ces représentants varie afin d'assurer à tout contribuable dont le dossier est soumis à la commission, la présence d'au moins un commissaire appartenant à sa catégorie professionnelle.

La commission départementale est compétente en matière de fiscalité des entreprises : bénéfices industriels et commerciaux, bénéfices non commerciaux, bénéfices agricoles, impôt sur les sociétés et TVA. Selon l'objet de sa saisine, elle émet un avis ou détient un pouvoir de décision.

Lorsqu'elle est saisie dans le cadre d'une *procédure de redressement fiscal* son rôle est limité. En effet, sa saisine est facultative, sa compétence réduite aux questions de fait et elle ne peut émettre qu'un avis motivé. Cependant cet avis détermine la charge de la preuve qui incombera, devant le juge, à la partie qui n'accepte pas la position de la commission.

La compétence de la commission est élargie lorsqu'elle intervient dans *la fixation des bases d'imposition* des contribuables. Dans ce cas son intervention est obligatoire dès lors qu'il y a un désaccord entre l'administration et le contribuable dans la détermination d'un forfait conventionnel (bénéfices industriels et commerciaux, bénéfices non commerciaux). De plus, elle fixe alors le montant du forfait au lieu de rendre un simple avis et elle est compétente à la fois pour les questions de droit et celles de fait. Le forfait ainsi établi par la commission ne peut plus être contesté que devant le juge de l'impôt. En matière de bénéfices agricoles, la commission intervient de plein droit, en dehors de tout désaccord, pour déterminer les bénéfices moyens à l'hectare par type de culture. Les bénéfices unitaires arrêtés par la commission peuvent être contestés, par l'administration ou les organisations d'exploitants agricoles, devant la *commission centrale permanente des bénéfices agricoles.*

Exception faite de leur intervention d'office dans la procédure de détermination des forfaits agricoles, les commissions départementales des impôts ne sont pas très souvent saisies. Chaque année environ 4.400 affaires leur sont soumises dont plus de la moitié portent sur des redressements. Rapporté au nombre de contribuables susceptibles de saisir les commissions, le pourcentage de saisines est très faible (0,10 % à 0,15 %) et relativement stable dans le temps.

L'existence des commissions et les conséquences de leur intervention (notamment, le renversement de la charge de la preuve) semblent inciter les parties en présence à trouver un accord. En ce sens elles contribuent à maintenir « l'armistice fiscal ».

Lecture

— G. Gour, J. Molinier et G. Tournié, *Procédure fiscale,* Thémis, PUF, Paris, 1982.
— A Heurté, *Les commissions fiscales consultatives,* Juris-classeur Fiscal, fasc. 1431-I.
— P. Kintz et T. Schmitt, *Le juge fiscal et les administrations consultatives,* in « Le juge fiscal », Colloque de Strasbourg, 1986 (à paraître).
— D. Nouvellet, *La commission departementale des impôts,* Berger-Levrault, Paris, 1971.

Cf. Contentieux fiscal, Contrôle fiscal, Forfait fiscal.

CONSEIL DES IMPOTS

Institué en 1971, à une époque où l'alourdissement de l'imposition des revenus commençait à susciter des controverses, le conseil des impôts avait pour vocation initiale de constater la répartition du poids de l'impôt sur le revenu entre les différentes catégories socio-professionnelles. Mais, dès 1977, sa mission était élargie à l'étude de l'ensemble du système fiscal.

Composé de dix membres (six magistrats, deux inspecteurs généraux des Finances, un inspecteur général de l'INSEE et un professeur des facultés de droit et sciences économiques), le conseil des impôts est rattaché à la Cour des comptes. Une douzaine de rapporteurs spécialisés assurent la collecte et la mise en forme des informations qui serviront de fondements à l'élaboration du rapport du conseil.

En quinze ans (1971-1986) le conseil des impôts a publié huit rapports dont quatre consacrés à l'imposition des revenus (1972, 1974, 1979, 1985), deux relatifs respectivement, à l'imposition des bénéfices industriels et commerciaux (1977) et agricoles (1980), un dédié à l'examen de la TVA (1983) et le dernier à l'imposition du patrimoine (1986). Ces rapports s'attachent généralement à présenter, de façon très didactique, l'imposition concernée ; puis ils examinent, à l'aide d'un appareil statistique élaboré, l'application effective de l'impôt et sa répartition ; enfin, ils préconisent souvent les modifications susceptibles d'être apportées à la législation en cause. Le souci d'objectivité scientifique du conseil des impôts se marque tant dans la richesse et la précision des informations recueillies, que dans le recours constant à la perspective comparatiste qui permet de situer la fiscalité française par rapport à celle de nos partenaires économiques et politiques.

Les recommandations formulées par le conseil des impôts ont suscité de nombreux infléchissements de la législation. Ainsi, le conseil des impôts est à l'origine de la suppression de l'exonération des allocations forfaitaires pour frais accordées aux dirigeants de sociétés (1973), de l'imposition des indemnités journalières de maladie (1979), du plafonnement de la déduction forfaitaire de 10 % pour frais professionnel (1979) et de la diminution de la déduction forfaitaire en matière de revenus fonciers (1983).

Enfin, les modalités d'administration de l'impôt : le contrôle fiscal, le recouvrement des recettes, la fraude, ont fait l'objet d'examens critiques approfondis dans les rapports du conseil.

En outre, maintes notions-clefs du débat fiscal contemporain, telles que celles de dépenses fiscales, de prélèvements obligatoires, de revenus de transfert, ont été précisées par le conseil des impôts qui contribue par-là à clarifier les enjeux de la politique fiscale française.

Ainsi le conseil des impôts s'emploie-t-il à remplir la noble et indispensable mission que lui assignait le Président de la République lors de son installation : « Réconcilier les Français avec leurs impôts ; simplifier et réduire les formalités, rendre intelligible la conception de l'impôt... »

Lecture

— *Le conseil des impôts et le comité central d'enquêtes,* Coll. Université-Cour des comptes, PUF, Paris, 1981.
— *Les rapports du conseil des impôts.*

Cf. Contrôle fiscal, Fraude fiscale, Impôt sur le revenu, Politique fiscale, Pression fiscale.

CONSENTEMENT FISCAL

Le consentement, en matière fiscale, relève de deux ordres de réalité : l'un juridique, l'autre sociologique. D'une part, cela signifie que l'impôt doit être consenti dans les formes et par l'organe prévus par la Constitution pour être légalement établi. D'autre part, la notion de consentement fait aussi référence à l'acceptation individuelle de l'impôt, la soumission volontaire à l'obligation fiscale. Ainsi on distingue souvent le consentement *de* l'impôt (notion juridique), du consentement *à* l'impôt (notion sociologique).

Le consentement de l'impôt se confond, actuellement, dans nos régimes représentatifs modernes, avec le principe du caractère législatif de la règle fiscale selon lequel la création ou la modification d'un impôt est une matière réservée au Parlement, organe législatif. Il y a là une certaine ambiguïté car le même organe crée l'impôt et y consent. Cette ambiguïté n'existait pas lorsque le pouvoir d'établir l'impôt et celui d'y consentir étaient l'apanage de deux autorités d'essence différentes. Historiquement, le consentement de l'impôt exprime un principe politique majeur : le consentement du peuple aux décisions prises par le souverain. C'est sur ce fondement que s'est constituée la démocratie en Angleterre. Le principe du consentement des aides par les représentants des contribuables est inscrit dans la Grande Charte de 1215 imposée au Roi par les Barons, avant d'être définitivement consacré par la Petition of Rights de 1628 qui est l'œuvre du Parlement. En France, le principe du consentement populaire de l'impôt, oublié depuis 1614 (derniers Etats Généraux), est affirmé par l'article 14 de la Déclaration des Droits de 1789 : « Tous les citoyens ont le droit de constater, par eux-mêmes ou par leurs représentants, la nécessité de la contribution publique, de la consentir librement, d'en suivre l'emploi et d'en déterminer la quotité, l'assiette, le recouvrement et la durée. »

Pendant le XIXe siècle, la continuité sociologique entre les principaux contribuables et leurs représentants, le caractère limité du prélèvement fiscal et la stabilité de la politique fiscale donnaient au consentement parlementaire une effectivité qui lui fait défaut aujourd'hui. De nos jours, le consentement parlementaire de l'impôt se rattache plus au domaine du formalisme juridique, qu'à celui de la légitimité politique. Certes, la loi « fixe les règles concernant l'assiette, le taux et les modalités de recouvrement des impositions de toute nature », mais les pouvoirs fiscaux du Parlement sont, en fait, limités. Le Parlement qui ne peut plus « diminuer les ressources publiques » (art. 40 de la Constitution) a bien des difficultés pour jouer son rôle traditionnel de protecteur des contribuables. En outre, la prééminence de l'exécutif, notamment en matière d'initiative des lois, jointe à la haute technicité de la fiscalité font que même « revu, corrigé et signé par le Parlement, le manuscrit de la loi fiscale n'en est pas moins l'œuvre du service de la législation fiscale » (J.-C. Martinez). En outre, l'impôt étant devenu un instrument d'intervention économique, l'intervention législative peut s'avérer trop lente dans certaines conjonctures. Enfin, le législateur fiscal n'est plus souverain dans l'élaboration de la loi d'impôt. Le conseil constitutionnel veille au respect « des bases constitutionnelles de la fiscalité » (L. Philip) : les principes de la nécessité et de la légalité de l'impôt et surtout celui de l'égalité devant l'impôt qui oblige le législateur à tenir compte des facultés contributives des contribuables. La généralité de ces principes confère au Conseil constitutionnel une large marge d'appréciation dans l'exercice de son pouvoir de contrôle.

Afin de vivifier ce consentement formel, donné par un Parlement amoindri, il a été proposé d'instituer le référendum fiscal. Dans certaines constitutions, la compétence fiscale du Parlement est exclusive et le référendum n'est pas admis pour les lois d'impôt (Constitution italienne, art. 75). Au contraire, en Suisse et dans certains Etats membres des Etats-Unis, le référendum fiscal est pratiqué. Il constitue dans ces Etats une forme de résistance, collective et institutionnalisée, contre les excès du pouvoir fiscal.

En France, l'article 14 de la Déclaration des Droits de 1789 semblait laisser la porte ouverte au référendum puisque « tous les citoyens ont le droit... de consentir... la contribution publique... par *eux-mêmes* ou par leurs représentants... ». Mais il est à craindre qu'une telle procédure, qui n'est guère en accord avec le principe de solidarité nationale qui fonde l'impôt moderne, ne prenne à l'échelle d'un grand pays un aspect démagogique difficilement acceptable.

Le consentement à l'impôt met l'accent sur le phénomène de l'acceptation de l'impôt par le redevable.

Ce consentement individuel à l'impôt peut avoir un fondement éthique : l'idée d'un *devoir fiscal*, exigence sociale liée à l'appartenance à une communauté. Comme l'exprimait un auteur allemand du XIXe : « l'impôt constitue l'expression économique de l'union de l'individu et de la nation » (L. von Stein). Dans ce cas il existe une étroite corrélation entre la cohésion et la stabilité d'une société et la réalité de l'adhésion fiscale de ses membres. L'aspect moral du devoir fiscal le rend très sensible aux justifications religieuses ou idéologiques. Pendant longtemps la Bible, les Evangiles ou le Coran ont avantageusement remplacé les codes des impôts. « Rend à César ce qui est à César et à Dieu ce qui est à Dieu » : dans les sociétés finalistes l'obligation fiscale n'est qu'une des charges, parmi d'autres, qu'il faut assumer pour parvenir au royaume de Dieu.

Dans nos sociétés industrielles et urbaines où la plupart des rapports sociaux sont régis par l'argent, le devoir fiscal a bien du mal à s'imposer. L'existence d'un système complexe de transferts sociaux ne permet pas de faire apparaître clairement la contrepartie du prélèvement, même pour ceux qui en profitent. Il n'est donc pas possible de fonder le consentement à l'impôt sur le principe d'un « juste retour ». Par ailleurs, la solidarité est pour beaucoup un thème électoral, plus qu'une expérience vécue. Ainsi chaque citoyen est à la fois un assisté qui réclame des aides et un contribuable qui refuse de les consentir. L'affrontement politique d'où est issu le consentement de l'impôt s'est intériorisé et dégénère en une schizophrénie de l'impôt. L'hostilité à l'égard de l'Etat et de la fiscalité coexiste avec une mentalité revendicative.

Pour améliorer le consentement à l'impôt dans nos sociétés fiscalisées, il est nécessaire d'en limiter le montant en assurant une meilleure maîtrise des dépenses publiques et en faisant appel, le plus souvent possible, à l'initiative et à la responsabilité des usagers des services publics. En ce sens la résurgence du principe d'équivalence peut jouer un rôle utile (cf. doctrines fiscales). Cependant, pour accepter l'impôt, il faut le comprendre. C'est pourquoi un effort d'explication incombe à l'administration, comme à la doctrine et à tous ceux qui ont en charge d'informer le public. Il importe de montrer aux citoyens contribuables que, loin d'être une spoliation ou même une privation, l'impôt est un emploi des ressources. Emploi économique du revenu destiné à « reconstruire des réseaux de sécurité et de solidarité à l'échelle de la nation » (F. Perroux), mais aussi, du point de vue politique, prix de la liberté. Il n'y a pas de société libre sans impôt car l'impôt est, en définitive, la sauvegarde de la propriété privée : c'est-à-dire « la possibilité de choisir dans une large mesure, nos activités et l'emploi de nos ressources » (L. Mehl et P. Beltrame).

Lecture

— Ch. Cadoux, *Le consentement de l'impôt,* Revue de science financière, 1961.
— H. Laufenburger, *Traité d'économie et de législation financière,* Sirey, 1954 (5ᵉ édition).
— J.-C. Martinez, *Le statut de contribuable,* LGDJ, Paris, 1980.
— L. Mehl et P. Beltrame, *Science et technique fiscales,* Thémis, PUF, Paris, 1984.
— F. Perroux, *Pour une philosophie du nouveau développement,* Aubier, Paris, 1981.

Cf. Boston Tea Party, Doctrines fiscales, Droit fiscal, Impôt, Sociologie fiscale.

CONTENTIEUX FISCAL

Au sens éthymologique, le contentieux met aux prises deux parties devant le juge. En matière fiscale si les deux parties sont facilement identifiables — l'administration et le contribuable — en revanche, la détermination de l'objet du litige et du juge compétent pose quelques problèmes.

Strictement défini le contentieux fiscal est le contentieux de l'impôt et, plus particulièrement, celui de l'assiette de l'impôt, c'est-à-dire une contestation juridictionnelle de la base d'imposition. Toutefois, cette définition doit être nuancée du fait, d'abord, que le terme « fiscal » désigne « un concept à contenu variable » qui ne coïncide pas toujours avec celui d'impôt (cf. R. Hertzog). De plus, en vertu de la loi, le contentieux du recouvrement de l'impôt est rangé dans le contentieux fiscal, alors même qu'il concerne non l'impôt en tant que tel, mais l'obligation de payer.

Ainsi, largement compris, le contentieux fiscal peut inclure, outre le contentieux de l'assiette et du recouvrement, les contentieux de la légalité, de la responsabilité et de la répression en matière fiscale. Le particularisme de ces contentieux étant très limité, ils ne seront pas examinés ici.

Même réduit au contentieux de l'assiette et du recouvrement, le *contentieux fiscal pose des problèmes de compétence.* En effet, en France, le juge de l'impôt a deux têtes. Les *tribunaux judiciaires* sont compétents en matière de droits indirects et de droits d'enregistrement, tandis que les *tribunaux administratifs* avaient reçu compétence, lors de leur création, sur les impôts directs. Depuis, leur compétence a été étendue aux taxes sur le chiffre d'affaires. Ce partage de compétence s'explique plus par des raisons historiques que par des considérations rationnelles ou juridiques. On avait voulu, notamment, confier le contentieux des droits indirects, très impopulaires sous l'Ancien Régime, à des juges considérés comme les défenseurs naturels de la propriété et de la liberté des citoyens. Depuis lors il s'est maintenu car il ne présente pas d'inconvénients majeurs et offre même quelques avantages. En effet, les impôts sur le revenu et les taxes sur le chiffre d'affaires posent surtout des problèmes administratifs et économiques que les tribunaux administratifs sont particulièrement aptes à résoudre, tandis que les autres impôts soulèvent des questions de droit civil (enregistrement) ou de droit pénal (contributions indirectes et douanes). Certes le partage des compétences peut obliger le juge saisi à des renvois sur questions préjudicielles qui retardent le règlement définitif du litige. Cependant, ceux-ci restent limités car les deux ordres de juridiction ont des pouvoirs étendus d'appréciation de la légalité des impositions.

En matière de contentieux du recouvrement les tribunaux administratifs sont compétents pour connaître des « oppositions à contrainte », c'est-à-dire des contestations relatives à l'existence de l'obligation de payer, à sa quotité ou à son exigibilité. Ainsi le contribuable peut faire valoir qu'il a déjà payé l'impôt qui lui est réclamé ou qu'il est poursuivi à tort comme débiteur solidaire, etc. En revanche, si le justiciable ne conteste que la régularité en la forme des actes de poursuites, il s'agit d'une « opposition à poursuites » qui relève de la compétence du tribunal de grande instance.

La procédure contentieuse en matière fiscale obéit pour l'essentiel aux mêmes règles que celles qui s'appliquent, selon la nature du litige, en matière civile, administrative ou pénale. Il existe, cependant, certaines particularités.

Ainsi, le nombre élevé des litiges fiscaux a rendu nécessaire l'institution d'un *recours administratif préalable* dans le contentieux de l'impôt. Ce recours obligatoire est généralement porté devant le directeur départemental des impôts. La réclamation qui obéit à un formalisme restreint doit contenir un exposé sommaire des faits, moyens et conclusions. Elle doit être présentée dans le délai de réclamation : en général, dans les deux ans qui suivent l'année où se situe le fait générateur de la réclamation. Dans sa réclamation, le contribuable peut demander à surseoir au paiement des sommes en litige. Le recours administratif préalable joue le rôle d'un filtre du contentieux fiscal. En effet, chaque année, les services fiscaux reçoivent quelques 4.000.000 de réclamations. La plupart tendent à la rectification d'erreurs ou d'omissions dans les bases d'imposition. Cependant, 300.000 environ correspondent réellement à un désaccord sur le fond entre l'administration et le contribuable. Grâce à la médiation du directeur départemental des impôts seulement 15.000 de ces 300.000 litiges en puissance vont devant les tribunaux, soit à peine 5 %.

Une autre particularité de la procédure contentieuse fiscale réside dans *l'absence d'appel dans le contentieux civil de l'imposition.* Alors que les décisions fiscales des tribunaux administratifs sont susceptibles d'appel devant le Conseil d'Etat, les jugements des tribunaux civils en matière fiscale sont sans appel. Ils ne peuvent être attaqués que par voie de cassation. Suivant le cas, la Cour de cassation rejette le pourvoi ou se borne à renvoyer l'affaire devant un autre tribunal. Mais contrairement à la règle généralement applicable en cassation, la Cour se reconnaît le droit de réviser, s'il en est besoin, l'appréciation des faits à laquelle se sont livrés les juges du fond. Cela s'explique par le caractère d'ordre public de la loi fiscale.

En effet, la loi fiscale est dite d'*ordre public,* c'est-à-dire que nul ne peut y déroger et qu'elle doit recevoir pleine et entière application. De ce fait, le juge fiscal, administratif ou judiciaire, ne se borne pas à apprécier la légalité de l'impôt, « il dispose du pouvoir d'établir l'impôt aux lieu et place de l'administration compétente » (J. Molinier et autres). Ainsi s'expliquent d'autres particularismes de la procédure fiscale telles que la substitution de bases légales et la compensation.

La *substitution de bases légales* permet au juge, comme à l'administration, de requalifier les faits du point de vue juridique afin de fonder l'imposition sur d'autres dispositions que celles primitivement retenues.

En outre, du fait que la loi fiscale doit être intégralement appliquée, l'administration et le contribuable pourront, chacun pour leur part, invoquer devant le juge la *compensation* des effets défavorables de la loi à leur égard par ses conséquences favorables. Ainsi à une demande de dégrèvement justifiée, l'administration peut opposer une insuffisance ou une omission constatée en cours d'instruction.

Enfin, le caractère d'ordre public de la loi fiscale fonde aussi le *droit à la preuve* dans cette matière. Il faut que soit reconnu à l'administration et au contribuable, un droit à la preuve aussi étendu que nécessaire afin de parvenir à l'application de toute la loi fiscale, mais rien que la loi fiscale.

Le contribuable étant demandeur dans l'instance fiscale initiale, le fardeau de la preuve devrait toujours lui incomber. Heureusement, la loi fiscale détermine généralement la partie qui a la charge de la preuve. Celle-ci dépend, le plus souvent, du type de procédure d'imposition mise en œuvre. Dans les procédures d'imposition unilatérale qui n'ont pas le caractère de sanction, l'administration supporte le fardeau de la preuve. Dans les procédures concertées, c'est la partie qui n'accepte pas les bases fixées de concert (cf. forfait). Cependant, le pouvoir conféré au juge fiscal de diriger l'instruction que l'on désigne sous le terme de *procédure inquisitoriale,* lui permet d'assouplir l'application de ces règles et d'admettre assez largement le principe de la liberté de la preuve.

Signe de succès ou de crise, le *contentieux fiscal est encombré.* En 1984, 16.300 litiges fiscaux ont été soumis à un juge. Ce nombre était en augmentation de 60 % par rapport à 1978. La répartition de ce contentieux est assez inégale :

Juridictions	*Nb. de litiges*	
Tribunaux administratifs	12.000	
Conseil d'Etat	1.800	
S/total *juridictions administratives*		13.800
Tribunaux de grande instance	2.300	
Cour de cassation	200	
S/total *juridictions judiciaires*		2.500
Total des litiges pour 1984		16.300

Sources : Statistiques de la D.G.I. 1986.

Les juridictions administratives ont à connaître de la plupart des litiges (85 %) et notamment les tribunaux administratifs qui à eux seuls jugent le trois quart des affaires. En outre, c'est pour ces juridictions que le rythme d'augmentation du nombre des litiges est le plus rapide. Entre 1978 et 1984, le nombre des recours portés devant le Conseil d'Etat a plus que doublé.

Cette situation est la marque d'une crise qui a pour causes : la contestation croissante de l'impôt par les contribuables, l'insuffisance des moyens en personnel et en matériel des tribunaux, la complexité des règles fiscales et leur mauvaise qualité rédactionnelle. Mais l'engorgement des juridictions fiscales est aussi un signe de succès. On a pu critiquer la timidité du juge fiscal par rapport à l'administration, mais il semble que dans leur ensemble les contribuables lui font confiance. Ils apprécient en particulier son formalisme réduit, son impartialité et sa totale liberté de jugement qui lui permet de faire œuvre créatrice et d'assurer le respect des droits fondamentaux des contribuables, tels qu'ils découlent notamment des principes généraux du droit.

Une *réforme des juridictions fiscales* devra prendre en considération l'ensemble de ces données et le fragile équilibre qu'il en résulte. L'institution de formations spécialisées constituées essentiellement de juges issus de l'administration fiscale ne serait pas une bonne solution, car elle risquerait de nuire à l'impartialité et à la liberté du juge fiscal. Mais une action prudente visant à la fois à accroître les moyens en personnel et en matériel des juridictions fiscales et à limiter le nombre de pourvois est souhaitable et elle serait certainement efficace.

Lecture

— M. Chrétien, *Réflexions sur la dualité juridictionnelle en matière fiscale*, Mélanges de M. Waline, LGDJ, 1974.
— P.-M. Gaudemet, *Réflexions sur les rapports du juge et du fisc*, Mélanges Waline.
— Gour, Molinier, Tournié, *Procédure fiscale*, Thémis, PUF, Paris, 1977.

— Revue française de Finances publiques, « *Le contentieux fiscal* », n° 17, LGDJ, Paris, 1987.
— Société française de droit fiscal, « *Le juge fiscal* », *Colloque de Strasbourg, 1986 (à paraître).*

Cf. Commissions fiscales, Contrôle fiscal, Droit fiscal.

CONTRIBUABLE

Les honneurs aussi sont des châtiments.

Longtemps considérée comme un honneur, la qualité de contribuable n'est plus désormais, pour la plupart, qu'un châtiment.

Comme en matière monétaire, l'inflation est à la source de la dévalorisation du statut de contribuable.

Au XIXe siècle, le contribuable est, d'abord, un citoyen. A ce titre, il ne saurait se dispenser « de l'honorable obligation de contribuer aux charges publiques » (Art. 101 de la Constitution de 1793). « L'existence d'un sens exprime bien la volonté de liaison entre le citoyen et le contribuable », même si, comme le note finement J.-C. Martinez, le relèvement du cens ne permet pas à tout contribuable d'être électeur.

A la dignité de citoyen, le contribuable d'antan joint aussi celle de propriétaire foncier. La fiscalité physiocratique de la Révolution pèse pour l'essentiel sur la propriété immobilière qui plus qu'aucune autre est sacrée.

Ainsi, participant de la double mystique de la démocratie et de la propriété, le contribuable est une haute figure de la mythologie bourgeoise du XIXe.

A l'impôt de classe, se substitue au XXe siècle, l'impôt de masse. L'Etat a de plus en plus besoin d'argent et les hauts rendements fiscaux sont le fait des gros bataillons de contribuables. Avec la généralisation de l'impôt sur le revenu, la qualité de contribuable n'est plus le privilège de quelques-uns, mais le mal de chacun. En France, plus de 15 millions de personnes sont soumises à l'impôt sur le revenu. L'impôt frappe aussi les sociétés et les organismes divers. L'impôt ne connaît ni nationalité, ni moralité : tout ce qui gagne doit payer. Nous sommes à l'ère de « l'homo ça paie » (Martinez).

Dans la foule des contribuables des distinctions doivent, certes, être introduites.

Le contribuable de droit doit être distingué du contribuable de fait ou du simple collecteur d'impôts. Ces trois qualités peuvent être ou non réunies dans la même personne. Ainsi, dans les impôts sur la dépense, en raison des possibilités de répercussion de l'impôt, on distingue généralement le *contribuable légal* (le producteur ou le commerçant) du *contribuable réel* (le consommateur). Quant à l'employeur ou à l'organisme bancaire qui prélève un impôt à la source et le reverse, il est un simple *collecteur d'impôt*. Les frontières entre ces trois états du contribuable ne sont pas toujours aussi précises et stables. Souvent de simples modifications dans les conditions d'établissement ou de paiement du prélèvement suffisent à les altérer et à les déplacer.

De plus, tous les contribuables n'ont pas tous la même « stature ». Les grandes entreprises publiques, les sociétés multinationales sont des « contribuables gullivériens » (J.-C. Martinez) qui peuvent faire jeu égal avec l'administration fiscale, lorsqu'ils ne la dominent pas comme c'est parfois le cas dans les pays en voie de développement. Même s'ils n'atteignent pas cette taille, certains contribuables regroupés dans des organisations professionnelles parviennent à faire prévaloir un « corporatisme fiscal » souvent très efficace.

En définitive, l'hétérogénéité sociologique du contribuable contemporain rend en grande partie caduque le statut général et impersonnel du contribuable.

Lecture

— J.-C. Martinez, *Le statut de contribuable*, LGDJ, Paris, 1980.

Cf. Consentement à l'impôt, Interventionnisme fiscal, Répercussion.

CONTROLE FISCAL

L'essentiel des recettes fiscales provient d'impôts déclaratifs (cf. assiette de l'impôt). Il est donc nécessaire que le fisc puisse vérifier la véracité des « confessions fiscales » souscrites par les contribuables. Mais un contrôle est toujours une épreuve pour celui qui le subit, aussi les pouvoirs du fisc — qui sont étendus — sont-ils équilibrés par les garanties offertes aux contribuables.

Les pouvoirs d'investigation du fisc vont de la simple demande de renseignements à la perquisition.

Les contribuables sont tenus de répondre aux *demandes de renseignements,* d'éclaircissements ou de justifications formulées par l'administration fiscale et relatives aux déclarations qu'ils ont souscrites. Le défaut de réponse ou la réponse lacunaire ou imprécise équivalente à un refus peut être sanctionnée par la taxation d'office du contribuable sur une base d'imposition évaluée unilatéralement par le fisc.

Aux mêmes fins de contrôle, les services fiscaux sont habilités à prendre connaissance des documents détenus par les contribuables et aussi par les tiers. Ce *droit de communication* peut s'exercer à l'égard des organismes en relation avec le contribuable, et notamment les entreprises, les banques et les administrations. Les documents susceptibles d'être communiqués sont nombreux et variés : actes, registres, répertoires, relevés bancaires, etc. Ils doivent être conservés pendant un délai de six ans à partir de leur établissement par celui qui les détient.

L'administration possède en outre un *droit de vérification* sur place qui s'exerce à l'égard des comptabilités tenues par l'entreprise, mais qui peut aussi prendre la forme d'une « *vérification approfondie de situation fiscale d'ensemble* » (VAFSE) de toute personne physique au regard de l'impôt sur le revenu. La VAFSE est « destinée à vérifier s'il existe une cohérence entre d'une part les revenus déclarés par le contribuable et d'autre part sa situation patrimoniale, sa situation de trésorerie et les éléments de son train de vie » (M. Cozian, p. 267).

Enfin, le fisc peut même procéder à des *visites domiciliaires* et à des *perquisitions*. Ce pouvoir n'existait, jusqu'à une époque récente, que pour les contributions indirectes (droits sur les boissons et les tabacs, notamment), mais depuis 1985 l'administration est autorisée à procéder, sous le contrôle du juge judiciaire, à des perquisitions chez les contribuables se livrant à des manœuvres frauduleuses caractérisées (fausses factures, écritures fictives, achats ou ventes sans factures) en matière d'impôts directs et de taxes sur le chiffre d'affaires.

Face à ces prérogatives, les *garanties des contribuables* résident dans le *formalisme des procédures de vérification*. Ainsi, l'administration doit informer le contribuable avant toute vérification en lui précisant, à peine de nullité de la procédure, qu'il a la faculté de se faire assister par un conseil de son choix. La durée des vérifications est limitée dans le temps (trois mois pour les vérifications de comptabilité dans les petites entreprises et un an pour les VAFSE). L'administration, enfin, n'est pas autorisée à procéder à une nouvelle vérification portant sur les mêmes impôts et la même période que la première.

Sur le fond les pouvoirs du vérificateur sont limités par certaines règles souvent d'origine jurisprudentielle : la théorie de l'acte de gestion anormal, la distinction entre erreurs et décisions de gestion, le principe de la correction symétrique.

Enfin le redressement, qui peut faire suite à la vérification, est lui-même inscrit dans des règles strictes. D'abord, l'administration ne peut réparer ses erreurs ou ses omissions qu'à l'intérieur d'un certain *délai de reprise* qui varie suivant les catégories d'impôts. Il est, en principe, de trois ans pleins après l'année au titre de laquelle l'imposition est due. De plus, la procédure de redressement est généralement contradictoire, c'est-à-dire que le contribuable doit être mis à même de présenter ses observations. C'est seulement dans le cas où le contribuable a manqué à ses obligations qu'il peut être taxé d'office. La taxation d'office est donc déjà une sanction.

L'administration peut, lorsqu'il y a une disproportion marquée entre le train de vie du contribuable et les revenus qu'il déclare, l'imposer forfaitairement sur la base de ses signes extérieurs de richesse. Le contribuable a désormais le droit de contester l'imposition indiciaire ainsi établie en apportant la preuve contraire (loi de finances pour 1987).

Lecture

— M. Cozian, *Les grands principes de la fiscalité des entreprises,* 2e éd. Litec, Paris, 1986.
— G. Gour, J. Molinier et G. Tournié, *Procédure fiscale,* P.U.F., Paris, 1982.
— J. Lamarque, Commentaires du *Livre des procédures fiscales,* Dalloz, 1985 et *Procédures fiscales,* Dalloz.

Cf. Administration fiscale, Assiette, Commissions fiscales, Droit fiscal.

CONVENTIONS FISCALES INTERNATIONALES

Pour l'essentiel les conventions fiscales internationales sont des conventions bilatérales conclues afin d'éviter la double imposition ou l'absence d'imposition. En effet, la compétence des Etats étant souveraine, une même faculté contributive peut faire l'objet, à l'occasion de rapports économiques internationaux, d'une imposition double ou d'une double non imposition. Il suffit pour cela que chacun des Etats applique des critères de territorialité différents pour un même impôt. Si un pays A impose tous les revenus réalisés sur son territoire et qu'un pays B impose tous les revenus dont dispose ses résidents, le contribuable résidant en B et qui réalise des revenus en A, subira un cumul d'impôts. Inversement, le résident de A qui réalise des revenus en B, n'est imposable ni en A ni en B pour ces revenus.

Par suite de l'extension du commerce international, les conventions fiscales bilatérales se sont multipliées, tressant un réseau conventionnel très dense entre les pays industrialisés. Depuis une dizaine d'années les conventions passées avec les pays du Tiers monde s'accroissent aussi rapidement. Ainsi la France a signé plus de soixante et dix conventions de double imposition. Ces conventions sont pour la plupart conformes à des modèles élaborés par les organisations internationales. Les modèles de l'OCDE prévalent dans les conventions signées entre les pays industrialisés, tandis que ceux de l'ONU sont mieux adaptés aux conventions passées avec des pays en voie de développement. « Une convention fiscale est un pont jeté entre deux systèmes fiscaux » (G. Tixier) : elle a donc un objet limité. Ceci se traduit par une définition précise du champ d'application des conventions et une spécialisation poussée des méthodes qu'elles mettent en œuvre.

Le *champ d'application* des conventions fiscales est déterminé par la notion de *résidence* pour les personnes et celle d'*établissement stable* pour les entreprises. Les critères de définition de ces notions font largement référence au droit interne qui présente en pratique une grande importance. Le champ d'application territorial des conventions est aussi défini avec précision. Les eaux territoriales, et souvent le plateau continental, sont compris dans le territoire fiscal des Etats contractants.

L'*élimination des doubles impositions* s'effectue en deux temps. Tout d'abord, la convention détermine les catégories de revenus pour lesquelles l'un des Etats possède un *droit exclusif d'imposition*. Sur ces revenus l'autre Etat contractant n'a aucun droit d'imposition, ce qui évite définitivement les risques de double imposition. Ainsi, l'Etat de la résidence du bénéficiaire des revenus a un droit exclusif pour l'imposition des redevances, des gains sur valeurs mobilières, des pensions du secteur privé. L'Etat de la source du revenu est en revanche seul compétent pour taxer les revenus fonciers, agricoles et les rémunérations publiques. Mais généralement, le *droit d'imposition est partagé* entre les Etats contractants. Dans cette hypothèse, l'Etat de la source pratique une imposition, souvent forfaitaire, puis l'Etat de la résidence prend en compte cette imposition soit en *exonérant d'impôt* les revenus taxés, soit en accordant au contribuable un *crédit d'impôt* égal au montant de l'imposition subi par les revenus dans le pays de la source. L'exonération totale des revenus peut être très avantageuse pour le contribuable lorsque la progressivité de l'impôt est forte. Pour atténuer cet avantage, la France pratique la méthode dite « du taux effectif » : c'est-à-dire que les revenus de source étrangère sont xonérés, mais il est tenu compte de leur montant pour l'application du barème progressif.

Les conventions conclues avec les *pays en voie de développement* présentent un certain particularisme. En effet, ces accords abandonnent le principe d'une réciprocité absolue de toutes leurs dispositions. Ils tendent à favoriser une politique de développement en assurant aux budgets des pays insuffisamment développés un supplément de rentrées fiscales et en orientant les placements de capitaux vers ces pays. Ainsi la notion d'établissement stable est conçue de manière plus large dans ces conventions afin d'étendre la compétence fiscale des pays en développement. De même, l'imputation des crédits d'impôts qui bénéficient aux investisseurs est aménagée afin d'éviter que les avantages fiscaux accordés par les pays pauvres ne soient indirectement confisqués par les pays de résidence des investisseurs. Pour cette raison, l'investisseur peut déduire de l'impôt dû dans le pays de sa résidence un *crédit d'impôt fictif,* supérieur au montant de l'impôt qu'il a réellement supporté dans le pays de l'investissement (Tax-sparing ou matching-credit).

Les conventions fiscales bilatérales prévoient, enfin, des mesures qui concernent l'assistance mutuelle des administrations fiscales et les échanges de renseignements. Mais actuellement, ces actions de lutte contre la fraude fiscale et de coordination internationale donnent lieu à des *accords multilatéraux :* traité multilatéral d'assistance entre les pays nordiques, directives communautaires sur l'assistance mutuelle et le contrôle fiscal (cf. harmonisation fiscale). Les conventions fiscales multilatérales jouent aussi un rôle important en matière douanière : Association européenne de libre échange (AELE), Association latino-américaine d'intégration (LAIA) qui groupe les principaux Etats du sous-continent américain. La Communauté économique européenne, elle-même, a été fondée sur un traité multilatéral d'union douanière.

Lecture

— S-D. Sy, *Réflexions sur les dispositions essentielles de la convention fiscale franco-sénégalaise,* Mélanges Gaudemet, Economica, Paris, 1984.
— G. Tixier et G. Gest, *Droit fiscal international,* PUF, Paris, 1975.
— G. Tixier, *Droit fiscal international,* Que sais-je ? n° 2306, PUF, Paris, 1986.

Cf. Harmonisation fiscale et territorialité.

COTISATIONS SOCIALES

Les cotisations sociales se sont élevées à 860 milliards en 1984 : elles représentent ainsi le cinquième du produit intérieur brut français et près de la moitié de nos prélèvements obligatoires.

Or, en dépit de ces chiffres, le prélèvement social reste le parent pauvre dans la doctrine des finances publiques. Peut-être les problèmes qu'il pose sont-ils trop importants pour être confiés à des spécialistes. En tout cas il est nécessaire que le citoyen-contribuable en soit conscient.

Après avoir précisé la notion de cotisations sociales, nous examinerons les caractéristiques du prélèvement social et la quesiton très actuelle de la « fiscalisation » de la sécurité sociale.

La notion de cotisations sociales

Les cotisations sociales constituent une forme particulière de prélèvement obligatoire qui n'est assimilable ni à l'impôt ni à la parafiscalité ni à la redevance pour assurance.

L'I.N.S.E.E. définit les cotisations sociales comme « les apports des personnes protégées ou de leurs employeurs à des institutions octroyant des prestations sociales en vue d'acquérir et de maintenir le droit à ces prestations ». Ainsi, en dépit de leur caractère obligatoire, les cotisations sociales étant versées dans un but déterminé et comportant une contrepartie, ne constituent pas des impôts. Mais le fait qu'elles soient perçues au profit d'organismes de droit privé ne leur confère pas la qualité de taxes parafiscales, au sens juridique de ce terme, dans la mesure où le régime juridique de ces taxes ne leur est pas applicable (décret du 30 octobre 1980). Cependant, elles ne sauraient, non plus, être assimilées à des redevances, car elles ne correspondent pas à un service préalablement rendu. Même si l'on considère que le service rendu est l'assurance contre les risques encourus par le cotisant, il n'est pas possible d'assimiler les cotisations sociales à une redevance pour assurance. En effet, le montant de celles-ci n'est pas fixé en fonction des risques encourus par l'assuré, mais selon sa capacité contributive telle qu'elle résulte des dispositions impersonnelles de la loi.

Ainsi les cotisations sociales constituent une forme particulière de prélèvement dont la nature juridique reste spécifique. L'ensemble de ces cotisations représente ce qu'on appelle le « prélèvement social ».

Le prélèvement social

Les salaires constituent l'assiette de plus de 90 % des cotisations sociales. Certes, les personnes qui exercent des professions indépendantes cotisent sur la base de leur revenu professionnel net et celles qui perçoivent des revenus de transfert (retraites, allocations de chômage) sont assujettis sur ces revenus à certains versements. Mais *le prélèvement social porte essentiellement sur les salaires*.

Toutefois, pour le calcul de nombreuses cotisations, le salaire (ou le revenu professionnel dans le cas des non-salariés) n'est pris en compte que dans la limite d'un plafond. Ce *salaire plafonné* de l'ordre de 10.000 F par mois en 1986 est régulièrement revalorisé. L'existence de plafond donne un caractère *dégressif* au prélèvement social, c'est-à-dire que la part des cotisations perçues diminue lorsque le salaire augmente. Ainsi pour un salaire égal au plafond le prélèvement social représentait en 1985 52,3 % contre 42,9 % pour un salaire égal au double du plafond et 39,8 % pour un salaire égal au triple du plafond. Encore faut-il préciser que, depuis une dizaine d'années, le déplafonnement progressif des cotisations d'assurance maladie et l'augmentation modulée des cotisations salariés ont permis de réduire nettement cette dégressivité.

La répartition du prélèvement social évolue rapidement. En dix ans, la charge des employeurs a diminué sensiblement, même si elle représente encore les deux tiers des cotisations. La volonté des pouvoirs publics est d'alléger encore cette charge pour accroître la compétitivité des entreprises. Cependant, cette politique n'a pas toujours l'effet escompté dans la mesure où ces transferts des charges sociales sont pris en compte dans le partage global de la valeur ajoutée entre salaires et profits. En effet, en dépit d'un prélèvement social sur les entreprises sensiblement plus lourd en France que dans les autres pays industrialisés, le coût total de la main-d'œuvre française n'est pas plus élevée que celle de nos voisins. Ce qui tendrait à montrer que le prélèvement social est répercuté en diminution des salaires, plutôt qu'en augmentation des prix.

La fiscalisation de la sécurité sociale

La protection sociale coûte de plus en plus cher. Il est difficile de la réduire car elle conditionne la stabilité de nos sociétés. Comment alors la financer ?

Les cotisations sociales, surtout lorsqu'elles atteignent un montant très élevé comme en France, affectent l'efficacité économique car elles défavorisent les entreprises de main-d'œuvre et grèvent le prix des exportations. Mais des prélèvements sociaux trop lourds peuvent nuire à la justice sociale en augmentant le recours au travail noir, en pénalisant l'emploi et en élargissant l'écart entre les salaires.

Or, dans de nombreux pays européens, la protection sociale est financée, en grande partie, par l'impôt. C'est vers cette solution que se tourne prudemment la France depuis 1983.

L'idée fondamentale consiste à distinguer dans l'ensemble des dépenses sociales celles qui se rattachent à *l'assurance d'un risque* et celles qui découlent d'une *obligation de solidarité.* Chaque fois qu'il s'agit de garantir une prestation liée à l'exercice d'une activité professionnelle, l'assurance s'impose et, avec elle, le système des cotisations sociales : maladie, invalidité, vieillesse, chômage. Au contraire, lorsqu'on veut garantir un minimum social à l'ensemble d'une population, la solidarité nationale entre en jeu et la fiscalité doit être envisagée (allocations familiales, aides au logement, etc.).

Si un consensus semble s'établir sur la fiscalisation possible des dépenses sociales de solidarité, la technique fiscale à utiliser reste l'objet de controverses.

Le recours à une majoration de l'impôt sur le revenu semblerait logique dans la mesure où cet impôt est déjà personnalisé et peu répercutable. Mais l'inégale répartition de cet impôt, la connaissance très variable des revenus et la forte progressivité du barème aboutirait à un accroissement dangereux de la charge fiscale sur les revenus, notamment salariaux, moyens et élevés. Majorer les taux de la TVA serait certes plus facile. Mais cela risquerait d'avoir un effet inflationniste. Reste l'augmentation des droits indirects de consommation sur les produits ou services dont la consommation a des conséquences onéreuses pour la protection sociale (tabacs, alcools, primes d'assurances automobile). L'élévation de ces droits a le double avantage d'être moins inflationniste qu'une majoration de la TVA, de plus elle constitue une pénalisation susceptible de freiner la consommation de produits nocifs pour la santé publique. Malheureusement, cette source de financement se heurte à des oppositions dans l'opinion publique, elle risque de pénaliser certaines importations en violation des normes communautaires, enfin, son rendement demeure limité.

Jusqu'à présent, les pouvoirs publics, après un essai avorté de taxation des alcools et des tabacs, se sont contentés d'appliquer une taxe faible et uniforme sur les revenus (1 % de 1983 à 1985 ; 0,4 % en 1987 et 1988). S'ils veulent réellement « fiscaliser » les dépenses de solidarité il leur faudra aller plus loin.

Lecture

— G. Johanet, *Comptes et mécomptes de la protection sociale*, Revue politique et parlementaire, 1986.

— E. Vessillier, *Le financement de la protection sociale en France*, chronique SEDEIS, 15 mai 1984.

Cf. Emploi, Impôt, Parafiscalité, Prélèvements obligatoires.

DÉFICIT

L'activité économique est continue. Le résultat, bénéficiaire ou déficitaire, d'une entreprise ne devrait donc apparaître qu'au moment de sa cessation ou, tout au moins, à l'expiration d'un cycle de production. Or, le principe d'annualité de l'impôt aboutit à découper le continuum économique en une suite d'exercices artificiellement isolés les uns des autres. De ce fait le contribuable pourra être imposé, en fin d'exercice, sur un bénéfice apparu du fait de la césure des exercices. En jetant un pont entre les périodes d'imposition, le report déficitaire tend à supprimer l'artifice de l'annualité fiscale.

Le report des déficits est admis dans toutes les législations. Il doit être régulièrement constaté en comptabilité et postule la continuité de l'exploitation qui découle de l'identité d'entreprise et de l'identité d'exploitant.

Dans l'impôt sur le revenu, les déficits des différentes catégories de revenus sont reportables sur le revenu global. Cela résulte du caractère unitaire de cet impôt. Toutefois, afin d'éviter l'apparition de déficits catégoriels artificiels destinés à diminuer le revenu global imposable (domaine agricole maintenu en déficit, travaux d'amélioration sur des immeubles loués à bas prix), les déficits agricole et foncier ne peuvent être imputés que sur les revenus de même nature.

Les déficits sont généralement reportables sur les bénéfices des *exercices suivants* pendant cinq ans. Mais, à l'instar de certaines législations étrangères qui permettent le report sur les *exercices antérieurs* (carry-back), la France autorise, depuis 1985, le *report en arrière* des déficits subis par les entreprises soumises à l'impôt sur les sociétés (à l'exception notamment des banques et des compagnies d'assurances).

Le report en arrière implique, en principe, un remboursement des impôts déjà payés au titre des exercices antérieurs bénéficiaires. Cela procure aux entreprises des disponibilités financières et leur évite d'attendre une hypothétique récupération ultérieure en une monnaie souvent dépréciée.

Cependant, dans le régime institué en France, les impôts antérieurs ne sont pas immédiatement remboursés. Ils constituent seulement une créance sur le Trésor que l'entreprise pourra utiliser pour payer l'impôt sur les sociétés dû au titre exercices suivants. Elle est remboursable au terme d'un délai de cinq ans si elle n'a pas pu être imputée entre temps. Ce mécanisme assez compliqué n'offre, en définitive, que des avantages limités pour le contribuable : évaluation immédiate de sa créance et possibilité d'imputation de celle-ci sur dix ans. Une fois de plus le souci du rendement fiscal l'a emporté sur celui de l'efficacité économique.

Lecture

— M. Cozian, *Précis de fiscalité des entreprises*, Librairies Techniques, 10e édition, Paris, 1986.

Cf. Bénéfice imposable, Impôt sur le revenu, Impôt sur les sociétés, Revenu imposable.

DÉPENSE

Tout emploi des ressources financières d'un individu ou d'une entreprise peut, en première approximation, être regardé comme une dépense. Cependant, l'imposition qui frappe la dépense sera très différente selon l'affectation donnée aux ressources. On peut ainsi distinguer, du point de vue fiscal, entre les dépenses de consommation, les dépenses en biens durables et les dépenses d'investissement.

La dépense de consommation consiste en l'acquisition de biens consomptibles par le premier usage (denrées alimentaires, énergie) ou de biens semi-durables (ustensiles, vêtements, livres). La rémunération de prestations de services (santé, enseignement, voyages, communications) entre aussi, et pour une part de plus en plus large de nos jours, dans la catégorie des dépenses de consommation.

Les *impôts dits sur la dépense* (droits indirects, taxes sur le chiffre d'affaire, notamment TVA) atteignent indirectement ces actes de consommation en s'incorporant dans le prix des biens, services et produits consommés.

L'impôt sur la dépense ne distingue pas « a priori », dans la matière imposable qu'il frappe, entre le produit ou service final livré à la consommation et le produit ou service intermédiaire qui est intégré dans un processus de production. Cela peut aboutir à des cumuls d'impôts préjudiciables à l'économie. Aussi évite-t-on généralement ces impositions multiples soit en limitant la taxation au produit final (taxes uniques), soit en autorisant les intervenants dans le circuit de production et de commercialisation à déduire la charge fiscale qui grève leurs actes de consommation intermédiaire (TVA).

Les *dépenses d'acquisition de biens durables* (achats d'immeubles ou d'actions) échappent en principe aux impôts de consommation. Mais elles sont frappées, au moins dans certains pays (France, Italie, Belgique, etc.), par des droits de mutation dûs par l'acquéreur et qui sont regardés comme des impôts sur le capital.

Cette discrimination, logique en son principe, comporte des inconvénients économiques dans la mesure où ces droits de mutation — dits droits d'enregistrement — ne peuvent faire l'objet de déduction ou servir de base d'imputation à la TVA. De ce fait, la production d'immeubles bâtis risquait de se voir pénaliser par rapport aux autres activités économiques soumises à la TVA. Aussi tant qu'ils demeurent dans le circuit de la production et de la commercialisation. Ce n'est qu'après leur sortie de ce circuit qu'ils retrouvent leur spécificité et qu'ils sont assujettis aux droits d'enregistrement.

Les *dépenses d'investissement* doivent être distinguées de l'acquisition de biens durables. Toute acquisition de biens durables n'est pas un investissement. La dépense d'investissement se caractérise par sa finalité. C'est celle qui est destinée à devenir l'instrument d'un gain futur, sans commune mesure avec le rendement normal du bien acquis. Ainsi l'achat par un particulier d'un immeuble de bureaux destiné à la location est un placement. L'acquisition par ce même particulier d'un simple local où il exercera une activité de transaction immobilière est un investissement.

L'opération d'investissement suppose, en définitive, l'intervention d'un entrepreneur et la transformation d'un avoir monétaire en capital technique productif.

L'investissement est généralement l'objet d'un traitement fiscal préférentiel. En revanche, la dépense d'investissement n'est pas déductible du bénéfice imposable, car, à l'inverse des frais généraux, elle ne se traduit pas par une diminution de l'actif de l'entreprise. La dépense d'investissement ne peut être qu'amortie en fonction de la dépréciation subie par l'élément actif qu'elle a permis d'acquérir.

L'impôt général sur la dépense a parfois été envisagé comme un substitut de l'impôt sur le revenu. Cette idée, autrefois défendue par John Stuart Mill dans ses « Principes d'Economie politique », a été brillamment reprise par Nicholas Kaldor dans « An Expenditure Tax », avant de faire l'objet d'un volumineux rapport du groupe d'étude présidé par le Professeur J. E. Meade.

L'impôt général sur la dépense atteindrait, suivant un barème progressif, l'ensemble du revenu dépensé par les contribuables. Il porterait ainsi sur la capacité de jouissance des individus, en laissant intactes leurs facultés d'épargne, fortement diminuées actuellement par l'impôt sur le revenu.

La base d'imposition de cette taxe serait déterminée, chaque année, par la différence entre la totalité des recettes réalisées (revenus d'activités, revenus du capital ou de la cession d'éléments du patrimoine) et la totalité des sommes non consommées (placements, remboursements d'emprunts, augmentation des avoirs monétaires). Ainsi les contribuables seraient astreints chaque année à souscrire des déclarations extrêmement compliquées faisant apparaître non seulement leurs revenus, mais aussi la variation de leur patrimoine ainsi que celle de leurs encaisses monétaires.

Outre les difficultés techniques que suppose l'établissement et le contrôle de telles déclarations, cet impôt risque d'être socialement très inégalitaire. En effet, il pèserait lourdement sur les jeunes ménages qui effectuent des dépenses en biens durables (logement, ameublement, auto, équipement ménager) et tous ceux qui sont obligés de consommer tous leurs revenus pour vivre. Au contraire, échapperait en grande partie à l'imposition, ceux qui pourraient déguiser leurs dépenses personnelles en dépenses professionnelles et les plus riches dont la capacité d'épargne est la plus grande.

De plus, il n'est pas certain, même dans une économie libérale, que la totalité de l'épargne réalisée par les particuliers doive rester à leur disposition. Enfin, une imposition relativement lourde et directe de la dépense pourrait avoir un effet déprimant sur la demande susceptible d'anesthésier l'activité économique. Comme l'écrivait J. M. Keynes : « Un acte d'épargne individuelle signifie — pour ainsi dire — une décision de ne pas dîner aujourd'hui. Mais il n'implique pas nécessairement une décision de commander un dîner... une semaine plus tard. » (Théorie générale de l'emploi, de l'intérêt et de la monnaie).

Lecture

— N. Kaldor, *An Expenditure Tax*, Unwin University Book, London, 1955.

— A. Margairaz, *L'impôt différencié sur la dépense*, in Revue Française de Finances Publiques, n° 1, 1983.

— J. E. Meade, *The Structure and Reform of Direct Taxation*, Allen & Unwin, 1978.

— A. T. Peacock, *Do we Need to Reform Direct Taxation*, LLoyds Bank Review, 1979.

Cf. Chiffre d'affaires, Classifications fiscales, Frais généraux, Investissement, Kaldor (Lord Nicholas), Réforme fiscale, T.V.A.

Le fait fiscal, qui s'analyse en un transfert de richesse, est avant tout un fait économique. Il n'est donc pas surprenant de constater que l'impôt et le développement économique sont en relations réciproques. Le niveau de développement économique d'un pays conditionne à la fois le rendement et la structure de son système fiscal. Mais, à son tour, l'impôt peut agir, de manière plus subtile, sur le développement économique.

Le développement économique se traduit par un accroissement de la productivité et une mutation dans les structures de production.

« La capacité contributive d'une nation varie en fonction directe de sa *productivité économique* » (M. Lauré). Cela s'explique sans difficulté. La croissance du revenu national augmente le nombre des contribuables ainsi que la fraction disponible de leurs ressources susceptible d'être reprise par l'impôt. En outre, la forte valeur ajoutée incorporée aux produits et le niveau élevé de la consommation permettent d'asseoir de fructueux impôts sur la dépense. Il n'est pas jusqu'aux impôts sur le capital dont le rendement puisse se trouver amélioré du fait de l'accroissement des patrimoines.

Ainsi, dans les pays de l'OCDE qui sont parmi les plus riches du monde, avec un produit intérieur brut par tête de plus de 10.000 dollars, le taux moyen de prélèvements obligatoires atteint près de 40 % du PIB. Au contraire, dans les pays très pauvres d'Afrique (Bénin, Ghana, Togo) dont le PIB par habitant ne dépasse pas 300 dollars, le taux des prélèvements obligatoires est inférieur à 10 % du produit intérieur brut.

En fait, il existe une certaine *élasticité fiscale*, dans la mesure où le niveau de développement économique ne détermine pas immédiatement le taux de rendement d'un système fiscal. Les Etats-Unis et le Japon, par exemple, qui sont actuellement les pays dont le PIB par tête est le plus élevé (16.000 dollars env.) figurent parmi les pays les moins imposés du monde industrialisé avec un taux de prélèvements obligatoires inférieur à 30 % du PIB.

Cependant, cette élasticité fiscale ne joue pratiquement pas pour les pays les plus pauvres dont le rendement fiscal est strictement déterminé par les *structures économiques*.

En effet, celles-ci agissent directement sur l'impôt.

Une économie de type agricole, comme on en trouve dans la plupart des pays en voie de développement, est moins favorable au prélèvement fiscal qu'une économie industrielle.

L'*économie rurale*, même lorsqu'elle dépasse l'économie de subsistance, n'a généralement qu'une faible productivité, si bien que l'impôt payable en argent apparaît toujours relativement lourd. En outre, le cultivateur peut difficilement le répercuter dans le prix de ses produits. En effet, la production agricole est irrégulière, discontinue et souvent composée de denrées périssables, si bien que le stockage et la conservation des produits mettent le marché agricole entre les mains des autorités publiques ou de grandes sociétés multinationales qui y fixent les prix discrétionnairement. Enfin, l'agriculteur est moins intégré socialement et il supporte, plus difficilement que le citadin, l'intrusion de la puissance publique. Ces remarques n'ont certes pas la même portée selon que l'on considère les grandes exploitations ou les petites, les pays développés ou ceux du Tiers monde. Mais elles gardent toute leur signification pour les exploitations de base dans les pays peu développés.

En revanche, l'*industrialisation* qui entraîne la multiplication des échanges, la concentration des entreprises et la généralisation du salariat, favorise les progrès de la fiscalité. Comme le souligne G. Ardant : « Le salaire est plus facile à connaître que le bénéfice de l'agriculteur, le dividende ou l'intérêt plus facile à relever que le profit de la petite entreprise individuelle. En s'affirmant, la société industrielle offrait des possibilités fiscales très supérieures à celles des collectivités agraires. »

La *fiscalité des sociétés traditionnelles* fondées sur l'économie agraire reposait essentiellement sur les impôts fonciers. On la retrouve dans les pays peu développés, mais s'y ajoute une fiscalité indirecte, notamment douanière. Cette dernière n'est pas constituée seulement de droits protecteurs à l'importation, elle taxe aussi les exportations accroissant ainsi la dépendance des pays pauvres vis-à-vis des marchés internationaux.

Dans les *pays développés*, les impôts fonciers et les droits de douane déclinent au profit d'impôts sur le revenu. Enfin, dans les *sociétés très industrialisées*, les impôts sur le revenu et les cotisations sociales, très souvent perçues de la même manière par les entreprises grâce à un système de retenue à la source, constituent la majorité des prélèvements obligatoires (de 75 % au Japon à 61 % en France où en 1983, les impôts indirects sur la dépense restaient parmi les plus élevés des pays industrialisés). Ces proportions sont inversées dans les pays en voie de développement.

Ainsi la *structure des systèmes fiscaux*, c'est-à-dire la répartition du rendement fiscal suivant les différents types d'impôts, est, elle aussi, fonction du niveau de développement de l'Etat concerné. Certes, il existe pour les gouvernants des possibilités d'infléchir la structure des prélèvements, mais la *flexibilité* des systèmes fiscaux reste limitée. Les vaines tentatives faites, en France, pour diminuer le poids relatif des impôts sur la dépense, en constituent une bonne illustration.

La régularité de ces constatations a permis à divers auteurs (R. A. Musgrave, H. Hinrichs) d'élaborer des schémas d'évolution des systèmes fiscaux en fonction du développement économique. Même s'ils pèchent tous par excès de simplification et une conception trop unilatérale du développement ramené à la croissance du produit national, ces schémas présentent un intérêt en ce sens que sans fermer le champ des possibles, ils mettent en évidence la tendance à la « fiscalisation » des sociétés modernes.

Lecture

— G. Ardant, *Histoire de l'impôt*, Fayard, 2 tomes, Paris, 1972.
— P. Beltrame, *Les systèmes fiscaux*, Que sais-je ? PUF, 2e éd., 1978.
— R. A. Musgrave, *Fiscal Systems*, Yale University Press, London, 1971.
— P. Ngaosyvathn, *Le rôle de l'impôt dans les pays en voie de développement*, L.G.D.J., Paris, 1974.

Cf. Interventionnisme fiscal, Politique fiscale, Systèmes fiscaux.

DOCTRINES FISCALES

Le terme doctrine est pris ici dans son acception courante qui désigne un ensemble de notions qu'on affirme être vraies et par lesquelles on prétend expliquer les faits et diriger l'action. A ne pas confondre donc avec *la* doctrine fiscale qui se contente d'exposer et d'interpréter le droit fiscal.

Les doctrines fiscales ou les lois de l'Eternel Retour, tel pourrait être le titre de cet article. En schématisant, on peut distinguer trois grandes conceptions de l'impôt : l'impôt-tribut, l'impôt-solidarité, l'impôt-échange. Sous des formes à peine différentes, ces doctrines s'affrontent et règnent tour à tour, au fil des siècles, au rythme des dilatations et des contractions de l'idée de l'Etat.

L'impôt-tribut

Il s'affirme d'abord avec l'avènement de l'Empire romain. L'ancien tribut de guerre imposé au vaincu par le vainqueur s'est coulé dans les formes policées, mais fermes, de l'Etat romain. La domination brutale de l'oppresseur sur l'opprimé est devenue un acte de gestion courant de la puissance publique. L'impôt n'est plus le tribut levé au hasard des conquêtes par quelques soudards vélléitaires, il est assis et perçu par des agents publics suivant une procédure précise. Il ne constitue plus un trésor de guerre, mais la nécessaire couverture des dépenses publiques entraînées par le fonctionnement des services de l'Empire. L'esclave, promu citoyen-contribuable, est assuré, au moins en principe, d'une égalité devant l'impôt.

La notion romaine d'impôt est, on le constate, très proche de la nôtre. Elle en diffère, cependant, sur un point important. Le système fiscal impérial ne comporte aucune garantie, politique, même formelle. Le vote de l'impôt par des assemblées y est inconnu. « Le tribut est commandé (imperatum), édicté (indictum), mais non consenti » (Clamageran).

Liée à la conception autoritaire de l'Etat, l'impôt-tribut va disparaître avec lui durant le Moyen Age. Il renaît, au XVIe siècle, avec la « République » de Bodin qui affirme que « les impôts et subsides, coulent du pouvoir de législation ». Plus tard, Bossuet, dans sa « Politique tirée de l'Ecriture Sainte » (1760), rappellera : « On doit le tribut aux Princes ». Cette leçon, destinée à l'édification du Dauphin, ne sera plus oubliée par la monarchie française. Il fallut la Révolution pour voir éclore, en ce domaine aussi, des « pensers nouveaux » : les doctrines de l'impôt-échange.

L'impôt-échange

« Plus de liberté, moins d'Etat » était une des revendications, parmi tant d'autres, des révolutionnaires de 1789. Déjà les philosophes des Lumières, et Montesquieu au premier rang, avaient réfléchi aux « rapports que la levée des tributs et la grandeur des revenus publics ont avec la liberté » (« De l'Esprit des Lois », Livre Treizième). Leur conclusion, qui trouvera écho dans les quatre règles de l'impôt édictées par l'auteur de l'« Essai sur la richesse des nations », est simple : « Il ne faut point prendre au peuple sur ses besoins réels, pour des besoins de l'Etat imaginaires » (Montesquieu). Il s'ensuit que l'impôt ne peut être, comme l'exprimera laconiquement la Constituante, que « le prix des avantages que l'Etat procure ». Cette conception mercantile de l'impôt est loin d'être méprisable car elle implique aussi le consentement populaire de l'impôt ou, tout au moins, son agrément par les représentants de la Nation.

Durant une grande partie du XIXe siècle la notion de l'impôt-échange se maintiendra comme en témoignent les œuvres de Proudhon, Emile de Girardin, Thiers et Leroy-Beaulieu, avant de s'effacer, temporairement, devant les conceptions communautaires de l'impôt.

Ces dernières années, avec le retour en force de la pensée libérale, la doctrine de l'impôt-échange qui avait trouvé refuge aux Etats-Unis sous le nom de « benefit-taxation », réapparaît.

La méfiance vis-à-vis d'un Etat tentaculaire, le souci de restaurer la liberté de l'initiative individuelle, la foi dans les mécanismes du marché et les difficultés du financement des budgets publics amènent les auteurs à redécouvrir le « principe d'équivalence », selon lequel « les contributions sont des prix payés en échange des services de l'Etat » (B. Dafflon et L. Weber). La mise en œuvre de ce principe conduit à remplacer, toutes les fois que c'est possible, la prestation gratuite des services publics par un prix. Avec l'impôt chassé par le prix, et devenu prix lui-même, c'est toute une conception de l'Etat solidariste qui est remise en cause : celle sur laquelle repose encore la fiscalité actuelle. Un tel changement ne se décrète pas, il se constate. Comme la douceur de l'air annonce l'éclosion du printemps, le bruissement des idées précède souvent les bouleversements sociaux. Le retour de la doctrine de l'impôt-échange est-il le prélude à un renouvellement de nos institutions ou seulement un peu de bruit pour rien ?

L'impôt-solidarité

Encore mal dégagée de l'influence des théories de l'impôt-échange, la conception de l'impôt-solidarité se fait jour à la fin du XIXe siècle à travers des formulations ambiguës du type suivant : « L'impôt est le prix que la communauté exige de l'individu, en vertu du principe de solidarité nationale, pour la rémunération des services d'intérêt général » (Cauwès, Traité d'économie politique).

L'impôt reste un prix, ou plus exactement une prestation pécuniaire, dû non plus en raison de l'exécution d'un contrat plus ou moins tacite qui existerait entre l'Etat et le citoyen, mais du fait d'une obligation inhérente à l'ordre social, en raison de l'accomplissement d'un devoir civique. Ainsi passe-t-on du marchandage à l'adhésion. C'est ce qu'exprime admirablement un auteur allemand de l'époque quand il écrit : « l'imposition est l'expression, en terme économique, de l'union de l'individu avec la nation » (L. von Stein).

L'idée de solidarité a pour corrolaire celles de sacrifice et de redistribution. L'abandon d'une partie de sa richesse à l'Etat est un sacrifice réclamé au citoyen en vertu de son appartenance à la communauté nationale. L'importance de ce sacrifice n'est pas réglée par la valeur des services rendus par l'Etat, mais par les besoins de la communauté et les facultés contributives de chacun de ses mem bres. Ainsi se trouvent fondées l'exonération des produits de première nécessité et la progressivité de l'impôt sur le revenu qui apparaissent dans les systèmes fiscaux dès la fin du XIXe siècle.

Mais les tenants d'un égalitarisme chrétien ou socialiste vont aller plus loin. Les sociaux-démocrates allemands et suédois, ainsi que les quakers américains, souhaitaient opérer des réformes sociales par la voie de l'impôt. Ce « réformisme fiscal » n'eut, en son temps, que des applications limitées. Il inspirera, cependant, certaines mesures de l'interventionnisme fiscal moderne, ainsi qu'une aversion durable et contagieuse de l'impôt dans les groupes les plus influents de la société française.

Ces excès des doctrinaires fiscaux, apparemment digérés par le « social-capitalisme », expliquent peut-être aussi la remise en cause, aujourd'hui, des conceptions communautaires de l'impôt.

Lecture

— G. Ardant, *Histoire de l'impôt*, Fayard, Paris, 1972, (2 vol.).
— J.-J. Clamagéran, *Histoire de l'impôt en France*, Paris, 1876.
— B. Dafflon et L. Weber, *Le Financement du secteur public*, PUF, Paris, 1984.
— J. Gaudemet, *Finances et fiscalité dans les sociétés antiques*, in Etudes de finances publiques, Mélanges Gaudemet, Economica, Paris, 1984.
— A. Neurisse, *Histoire de l'impôt*, Que sais-je ? n° 651, PUF, Paris, 1978.
— M. Vignes, *Histoire des doctrines de l'impôt en France*, réédition ? 1961.

Cf. Impôt, Interventionnisme fiscal, Politique fiscale, Sociologie fiscale.

DOUANE

Son directeur général le soulignait récemment : « La Douane est une administration paradoxale, en ce sens que son nom répond mal à ses activités réelles... les droits de douane ne représentent jamais que 4 % de ses recouvrements. » (RFFP op. cit.).

Pourtant si les droits de douanes tendent à disparaître, l'administration chargée de les percevoir subsiste et même se développe. Cela n'a été possible qu'au prix d'une diversification des missions de cette organisation séculaire qui, outre ses activités proprement douanières, remplit des fonctions fiscales et économiques très importantes.

La fonction douanière

L'institution et l'élargissement de l'union douanière dans le cadre de la CEE et le développement, sous l'égide du GATT (General Agreement for Tarif and Trade), d'une politique commerciale de libre-échange, se sont traduits par un amenuisement de l'activité douanière dans tous les pays industrialisés.

La fonction douanière traditionnelle est fondée sur le contrôle des courants d'échanges économiques entre les pays et la perception de droits aux frontières. Ceux-ci peuvent être des *droits de sortie* ou *droits à l'exportation*, qui ne sont guère appliqués que dans les pays les plus pauvres, et des *droits d'entrée* ou *droits à l'importation*, qui constituent l'essentiel des droits de douane, et dont le but est moins de procurer des recettes que de protéger l'économie nationale contre la concurrence étrangère.

Ainsi le *tarif douanier*, élaboré par chaque Etat, unilatéralement ou par conventions, est la clef de voûte de l'activité douanière. Il se compose de deux éléments : la nomenclature, sorte de catalogue analytique et méthodique des marchandises soumises aux droits et les droits de douane proprement dits, qui sont généralement des droits « ad valorem » c'est-à-dire des droits perçus en proportion de la valeur des marchandises. Donc le problème de la détermination de la *valeur en douane* se pose. En vertu d'accords conclus sous l'égide du GATT, la valeur retenue dans la plupart des pays est la « valeur réelle » de la marchandise importée, c'est-à-dire sa valeur transactionnelle ou une valeur approchante.

Dans la Communauté Economique Européenne, les droits de douane ont disparu entre les Etats membres. Il n'existe plus qu'un *tarif douanier commun* qui constitue la protection douanière de la Communauté vis-à-vis de l'extérieur. Ce tarif douanier commun, élaboré et négocié par les autorités communautaires, est l'un des plus bas du monde avec un taux moyen d'environ 6 %. En outre, du fait des régimes tarifaires préférentiels consentis à de nombreux pays (pays de l'AELE, pays en voie de développement), le tarif douanier commun ne s'applique pratiquement plus qu'aux produits importés de l'Amérique du Nord, du Japon, des pays développés de l'hémisphère austral et des pays de l'Est.

La protection tarifaire de la Communauté est complétée par la mise en place de toute une série de mécanismes régulateurs complémentaires parmi lesquels il faut citer : les prélèvements agricoles et les droits compensateurs. Les *prélèvements agricoles* fonctionnent comme des droits de douane perfectionnés qui assurent aux agriculteurs de la Communauté une protection qui varie en fonction de la fluctuation des cours agricoles mondiaux. Les *droits compensateurs* sont des droits anti-dumping égaux à la différence entre le prix du marché et le prix subventionné. Ils permettent de neutraliser la concurrence déloyale résultant de la pratique des subventions à la production (dumping). En application de la réglementation communautaire, les droits et prélèvements perçus sont reversés, en majeure partie, au budget de la CEE.

Bien que réduite par la diminution générale des tarifs douaniers, la fonction protectrice de la douane reste importante tant à l'égard de certains produits (équipements et matériels complexes) que de certains pays (pays d'économie collectiviste). Elle apparaît en tout cas préférable à la multiplication des obstacles non tarifaires qu'élèvent certains Etats pour réduire l'importation de produits étrangers.

La fonction fiscale

Les perceptions principales de la Douane aujourd'hui sont la fiscalité pétrolières et la TVA à l'importation. Ainsi la Douane a--t-elle essentiellement un rôle fiscal.

La *fiscalité pétrolière* représente près de 10% de l'ensemble des recettes d'impôts du budget général. Initialement cette fiscalité ne se distinguait pas de la protection tarifaire du raffinage. Elle était le complément du droit de douane d'importation. Aujourd'hui elle a pris un caractère plus général, elle frappe tous les produits pétroliers, qu'ils aient été importés de l'étranger ou raffinés en France, à partir d'un produit brut national ou importé.

Cette imposition repose sur la *taxe intérieure de consommation* qui représente près des deux tiers des recettes pétrolières. C'est une taxe spécifique perçue en francs par unité de quantité du produit (ex. en 1987, la taxe perçue sur le fioul lourd est de 17 F pour 100 kg). Le taux de cette imposition a été fortement diminué par rapport à 1986 où il atteignait 27,95 F par quintal.

A la taxe intérieure sur les produits pétroliers s'ajoute la TVA au taux normal (18,6 %) qui est en grande partie perçue par la douane et qui est assise, non sur la valeur réelle du produit, mais sur une valeur forfaitaire, déterminée périodiquement en fonction notamment du prix moyen à l'importation du produit considéré. La « *TVA pétrole* » devient ainsi une imposition spécifique.

D'autres taxes, fiscales et parafiscales, grèvent le prix des produits pétroliers et sont recouvrées par la douane qui perçoit, en outre, un droit de timbre douanier de 2 % sur la taxe intérieure de consommation.

L'application de la *taxe sur la valeur ajoutée* concerne aussi directement la douane.

L'introduction sur le territoire français de marchandises étrangères constitue un fait générateur de la TVA. Le contrôle des importations, ainsi que leur imposition à la TVA, sont de la compétence des services douaniers. La douane perçoit de ce fait près du tiers des recettes de TVA. En outre, l'administration douanière intervient dans le régime des exportations. En effet, le bénéfice de l'exonération de TVA à l'exportation est subordonné notamment au dépôt par l'exportateur d'une déclaration d'exportation au bureau des douanes de sortie. Enfin, les douanes contrôlent aussi l'application de la détaxe de TVA sur les exportations touristiques personnelles.

La fonction économique

Conçus, au départ, comme de simples régimes suspensifs de droits, les régimes douaniers économiques tendent à favoriser les activités commerciales et industrielles internationales par le jeu de suspension de droits et taxes et l'octroi d'avantages fiscaux ou financiers acquis sous certaines conditions vérifiées par la douane.

On peut distinguer entre les régimes douaniers à but commercial et ceux à finalité industrielle.

Les régimes économiques commerciaux

Les régimes de transit et d'entreposage sous douane ont essentiellement une finalité commerciale. Ces régimes permettent de transporter ou de stocker des marchandises, sous contrôle de la douane, en bénéficiant d'une suspension de droits.

Les régimes économiques industriels

Ces régimes ont un objectif plus ambitieux. Ils permettent l'importation ou l'exportation temporaire de marchandises, en suspension de droits et de taxes, en vue généralement de leur transformation au cours de ce séjour. Ainsi, par exemple, le régime dit de « *l'entrepôt industriel* » permet aux fabricants d'importer en franchise de droits et de taxes des produits en vue de leur transformation, sans être cependant obligés de réexporter la totalité des produits transformés. Les avions Concorde et Airbus ont été construits sous ce régime.

Ces régimes douaniers économiques ont fait l'objet d'une harmonisation dans le cadre de la CEE (directive du 18 décembre 1975).

Le régime d'exterritorialité douanière des *zones franches* ne trouve guère d'application en France où l'administration est plus favorable à un aménagement des régimes douaniers suspensifs.

Lecture

— J. Bastid, *Les douanes*, Q.S.J., n° 846, PUF, Paris.
— C. J. Berr et H. Trémeau, *Le droit douanier*, LGDJ, Paris, 1981.
— Revue Française de Finances Publiques, « *La douane* », 1983, n° 3.

Cf. Administration fiscale, Droits indirects, Harmonisation fiscale, Interventionnisme fiscal, Tarif, Territorialité.

DROIT FISCAL

La complexité et la mutabilité des rapports sociaux rend indispensable une « juridicisation » sans cesse accrue des sociétés modernes. L'impôt, élément important des systèmes socio-économiques contemporains, n'échappe pas à cette tendance. Non seulement le droit fiscal se développe, mais encore il subit, depuis quelques décennies, une profonde mutation tant dans ses sources que dans ces concepts fondamentaux.

Le droit d'imposer procède de la souveraineté nationale, donc les *sources du droit fiscal* sont essentiellement d'ordre interne à l'Etat. Cependant, le développement des relations économiques internationales et des ensembles économiques dépassant le cadre national, donnent une importance croissante aux sources de droit international.

Parmi les *sources internes* du droit fiscal on peut distinguer entre les règles posées par la Constitution, la loi et les règlements (sources normatives) et celles qui découlent de l'interprétation des textes par la jurisprudence et la doctrine (sources interprétatives).

Au premier rang des *sources normatives internes* du droit fiscal on trouve la Constitution et les principes généraux du droit. Les *bases constitutionnelles de la fiscalité* (L. Philip) sont fondées sur trois principes dégagés par le Conseil constitutionnel :
— *le principe de la légalité de l'impôt* qui découle directement de l'article 34 de la Constitution qui prévoit que : « La loi fixe les règles concernant : ... l'assiette, le taux et les modalités de recouvrement des impositions de toute nature » ;
— *le principe de nécessité de l'impôt* qui résulte de l'article 13 de la Déclaration des Droits de l'Homme qui dispose que : « Pour l'entretien de la force publique, et pour les dépenses d'administration, une contribution commune est indispensable » ; la valeur constitutionnelle de cette disposition a été affirmée par le Conseil constitutionnel (Décision n° 83-164 du 29 décembre 1983) ;
— enfin le *principe de l'égalité devant l'impôt* (art. 13 de la Déclaration des droits) qui constitue un aspect particulier du principe d'égalité devant les charges publiques sanctionné aussi par le juge administratif.

Le principe de la légalité de l'impôt qui repose sur l'exigence démocratique du consentement fiscal, proclame la prééminence de la *loi* en cette matière. Il n'exclut cependant pas le *règlement*. Naguère, des réformes fiscales importantes furent même réalisées par la procédure des « décrets-lois » (institution de l'impôt sur les sociétés et refonte de l'impôt sur le revenu par le décret du 9 décembre 1948). La Constitution de 1958 permet au Gouvernement d'édicter des règles nouvelles soit dans le cadre des délégations de l'article 38 (rarement utilisé en matière fiscale) ou des ordonnances de l'article 92-1 (ordonnance du 7 janvier 1959 posant les principes de la réforme de la fiscalité locale). En outre, étant donné la technicité de l'impôt, le règlement d'application tient une grande place en matière fiscale.

Les *sources interprétatives* jouent un rôle non négligeable dans l'élaboration du droit fiscal en dépit du principe traditionnel de l'interprétation stricte des lois fiscales.

La *jurisprudence* n'est pas, en principe, dans notre système juridique, une source directe du droit comme elle l'est dans les systèmes de « common law ». Cependant, à travers le contrôle de la légalité des règlements et l'interprétation de la loi fiscale, le juge fiscal participe à la création du droit de l'impôt. Ainsi le juge assure le respect des principes généraux du droit en matière fiscale. Il contribue aussi, par ses constructions juridiques (théorie de l'acte de gestion anormal, règle de non-immixion du fisc dans la gestion des entreprises) à préciser les conditions d'insertion du prélèvement fiscal dans la réalité économique. Certes le pouvoir de la jurisprudence a des limites. Le Gouvernement peut toujours faire voter une loi qui consacre une interprétation contraire à celle donnée par le juge. Mais cela reste relativement rare et la valeur normative de la jurisprudence est généralement reconnue.

La *doctrine des auteurs* inspire souvent le législateur fiscal. Ainsi Maurice Lauré est considéré comme le père de la TVA et Nicholas Kaldor est à l'origine de l'expérimentation en Inde de l'impôt général sur la dépense qu'il avait proposé dans son ouvrage « An Expenditure Tax ». Les commentateurs de la loi ou de la jurisprudence peuvent aussi contribuer indirectement à l'élaboration du droit. Mais c'est surtout actuellement la *doctrine administrative* qui est source de droit. Dans les directives (instructions, circulaires, etc.) qu'elle adresse à ses agents, l'administration fiscale est amenée à prendre en considération les conditions concrètes d'application de l'impôt. De ce fait, la doctrine administrative intègre, en quelque sorte, la pratique coutumière dans les sources du droit fiscal. Cette interprétation administrative de la loi, qui peut s'éloigner beaucoup de la lettre des textes, pose des problèmes délicats de légalité et d'égalité des citoyens devant l'impôt. Elle témoigne, cependant, de la fonction créatrice de la doctrine administrative.

Les *caractéristiques du droit fiscal* sont celles d'un droit jeune. En effet, si l'impôt est une institution fort ancienne, notre droit fiscal est loin d'avoir atteint sa maturité. L'inertie fiscale du XIXe siècle en avait figé la croissance. L'explosion des prélèvements obligatoires de la seconde moitié du XXe l'a plongé dans un processus de développement et de renouvellement accéléré. Ainsi, la mutabilité, la plasticité et l'alternativité peuvent être regardés comme les caractères essentiels du droit fiscal moderne.

La *mutabilité* est, comme l'inflation législative qu'elle contribue à alimenter, un phénomène général du droit contemporain. Cependant, elle est particulièrement marquée en matière d'impôt. Alors que notre système fiscal n'avait pratiquement pas été modifié en plus d'un siècle de 1789 à 1914, il vient de subir en une trentaine d'années une dizaine de réformes profondes : deux réformes de l'impôt sur le revenu, deux réformes des taxes sur le chiffre d'affaires (institution et généralisation de la TVA), l'institution de l'impôt sur les sociétés, la création d'une fiscalité immobilière, l'imposition généralisée des plus-values et, enfin, la réforme de la territorialité de l'impôt, de la fiscalité locale et l'institution puis la suppression de l'impôt sur la fortune. En outre, désormais, chaque changement de majorité politique entraîne la remise en cause de la politique fiscale précédente et suscite son cortège de réformes. Enfin, chaque année, l'aménagement de la fiscalité en fonction de la conjoncture nécessite la modification de plus de 300 articles du Code général des impôts.

La *plasticité* du droit fiscal peut être définie comme la faculté particulière d'adaptation de ce droit au milieu dans lequel il s'applique. Certes, avec la juridicisation des rapports sociaux, c'est l'ensemble du droit qui doit manifester cette adaptabilité. En ce sens, il est difficile de soutenir la thèse de l'autonomie du droit fiscal. Cependant, le particularisme dont il fait preuve parfois résulte précisément de ce souci constant d'adéquation du droit aux conditions concrètes de son application que manifestent tant le législateur que les interprètes de la loi : le juge et la doctrine administrative.

L'*alternativité* du droit fiscal fait référence au caractère souvent optionnel, voire aléatoire, de ce droit dont la complexité laisse une place de plus en plus grande à la stratégie. Selon le montage juridique retenu, le lieu et le moment choisis, il s'ouvre aux spécialistes de la fiscalité toute une série de choix fiscaux entre lesquels il leur appartiendra d'opter au mieux de leurs intérêts ou de ceux de leurs clients. Toutes les audaces sont permises à condition de connaître les limites à ne pas franchir. Aux confins de la légalité fiscale, les théories modernes du droit fiscal des affaires (l'abus de droit, l'acte normal de gestion, les erreurs et décisions de gestion, les abandons de créances) définissent une frontière floue entre la fraude et l'évasion fiscale.

Lecture

— M. Cozian, *Les grands principes de la fiscalité des entreprises*, 2e éd. Litec, Paris, 1986.
— J.-L. Guieze, *Le partage des compétences entre la loi et le règlement*, LGDJ, Paris, 1974.
— M.-A. Latournerie, *L'apport de la jurisprudence administrative au droit fiscal*, in « Le juge fiscal » (à paraître).
— Ph. Marchessou, *L'interprétation des textes fiscaux*, Economica, Paris, 1980.
— L. Philip, *Commentaire de la décision n° 83-164 du 29 décembre 1983*, Conseil constitutionnel, Actualité juridique-Droit administratif, 1984.

Cf. Contentieux fiscal, Contrôle fiscal, Conventions fiscales internationales, Egalité, Fraude fiscale, Harmonisation fiscale, Lauré (Maurice), Kaldor (Nicholas), Trotabas (Louis).

DROITS INDIRECTS DE CONSOMMATION ET DE CIRCULATION

Les droits indirects de consommation et de circulation tirent leur dénomination de leur fait générateur qui est, en principe, la mise à la consommation ou la mise en circulation du produit imposable. Ils ne doivent pas, cependant, être confondus avec des taxes sur les ventes au détail. Celles-ci, comme toutes les taxes sur le chiffre d'affaires, sont synthétiques et perçues à un taux « ad valorem », alors que les droits indirects sont des impôts réels, de taux spécifique. En effet, les droits indirects ont comme matière imposable les produits sur lesquels ils portent : les alcools, les tabacs, le pétrole et ses dérivés ou certains services tels que les assurances, les transports ou les divertissements. Leur tarif est spécifique car il est fixé proportionnellement à la quantité (poids, volume) de matière imposable pour les produits et suivant la qualité de la prestation pour les services. Ainsi, en 1987, le taux général du droit de consommation sur l'alcool est de 7810 F, par hectolitre d'alcool pur.

La mise en œuvre des droits indirects donne lieu à une surveillance des marchandises soumises à ce droit. Leur transport doit être accompagné d'un titre de mouvement qui permet de les suivre et de contrôler, le cas échéant, le paiement des droits. L'administration exerce, en outre, un contrôle étroit sur les redevables.

En dépit de ces inconvénients, les droits indirects sont souvent nombreux dans les pays en voie de développement. Dans les pays industrialisés, ils ne portent que sur quelques produits (alcools, tabacs, allumettes, pétrole) auxquels s'ajoutent les véhicules à moteur, et quelques services. Cependant, même dans les pays déve loppés, leur rendement n'est pas négligeable, surtout dans les pays sans TVA (Australie, Canada, Etats-Unis, Suisse). De plus, les droits indirects complètent utilement les taxes sur le chiffre d'affaires car ils permettent de différencier l'imposition produit par produit, en adaptant la charge fiscale à la situation du marché de chaque produit. Enfin, ces droits constituent des instruments efficaces de politiques économique (énergie, agriculture), sociale (lutte contre l'alcoolisme et le tabagisme) ou de protection de l'environnement.

Lecture

— S. Cnossen, *Excise-System : A Global Study of the Selective Taxation of Goods and Services,* The John Hopkins University Press, Baltimore, 1977.

Cf. Chiffre d'affaires, Dépense, Interventionnisme fiscal, Tarif.

ÉGALITE DEVANT L'IMPÔT

Le principe d'égalité devant l'impôt découle de l'article 13 de la Déclaration des droits de 1789. L'égalité devant l'impôt est un des aspects du principe d'égalité qui s'applique notamment vis-à-vis des charges publiques, de l'accès aux fonctions publiques et de l'utilisation du domaine public.

Le principe d'égalité devant l'impôt, consacré par la jurisprudence du conseil constitutionnel, implique une équitable répartition de l'impôt entre les citoyens en raison de leurs facultés contributives, ce qui sous-entend l'absence d'immunité fiscale et l'universalité de l'impôt.

La *proportionnalité de l'impôt aux facultés contributives* institue non pas une égalité généralisée, mais catégorielle. Les personnes ayant les mêmes facultés contributives doivent payer un impôt égal (équité horizontale), tandis que celles qui ont des facultés contributives différentes acquittent une somme d'impôt différente (équité verticale).

Pour réaliser cette proportionnalité aux facultés contributives, il sera nécessaire, toutes les fois que cela est possible, de *personnaliser l'impôt* : c'est-à-dire, d'une part, de tenir compte dans l'établissement du prélèvement fiscal du statut familial du contribuable et, d'autre part, d'aménager sa contribution en fonction de sa situation financière d'ensemble.

Ainsi, il est admis que la pure proportionnalité des tarifs d'impôt ne réalise pas la proportionnalité à la capacité contributive de chaque contribuable. En effet, dans une société donnée, et surtout dans nos sociétés relativement homogènes, socialement et culturellement, on peut admettre une comparaison de l'utilité des revenus. Or, la capacité contributive d'un individu est inversement proportionnelle à l'utilité de ses revenus. Celui qui gagne le minimum vital a une capacité contributive nulle. Mais au fur et à mesure que le revenu croît, son utilité diminue. Si bien que la capacité contributive d'un redevable augmente simultanément sous l'influence de la croissance du revenu et de la diminution corrélative de l'utilité de ce revenu. Il est donc raisonnable, pour obtenir une proportionnalité de l'impôt aux facultés contributives de chacun, d'instituer la *progressivité de l'impôt*, notamment sur le revenu, dans laquelle le taux d'imposition croît plus vite que la base imposable.

Cette justification de la progressivité fondée sur le lien existant entre la capacité contributive et les besoins sociologiquement constatés nous paraît, en dépit de son imprécision, plus acceptable que celle qui la fait reposer sur une idée purement subjective d'égalité des sacrifices. Ainsi établie sur des nécessités de convenances sociales, la progressivité perd sa connotation idéologique. Destinée à réduire les écarts de revenus nuisibles à la cohésion sociale et à la prospérité commune, elle ne doit pas tendre à l'égalitarisme, mais être aménagée de manière à laisser subsister la diversité indispensable au progrès de la collectivité tout entière. Conçue de cette façon, la proportionnalité de l'impôt aux facultés contributives devient un moyen de contrôler l'inégalité et de l'enfermer dans certaines limites. Lorsque, par exemple, les revenus de certains tombent au-dessous d'un certain seuil de pauvreté regardé comme le minimum vital, cette capacité contributive négative implique un *impôt négatif* qui consistera à accorder au contribuable une subvention globale d'équilibre. Si l'institution de cette sorte de revenu minimum garanti peut paraître équitable, elle n'en est pas moins problématique. Outre son coût élevé, elle tend à décourager l'effort individuel et à marginaliser les pauvres. L'impôt, même négatif, ne peut à lui seul assurer la justice sociale.

L'égalité devant l'impôt implique aussi l'*universalité de la contribution* aux charges publiques. Certes l'impôt peut varier d'une catégorie à l'autre afin de tenir compte des différences de capacité contributive, mais il implique un minimum de répartition des charges fiscales entre *tous* les contribuables. Un privilège fiscal total et définitif ne saurait donc être accordé à une catégorie de contribuables (privilèges de la noblesse et du clergé sous l'Ancien régime), mais à l'inverse une catégorie sociale ne doit pas supporter une charge fiscale disproportionnée par rapport à celles des autres. C'est ce que vient de rappeler le Conseil constitutionnel en considérant que si l'article 13 de la Déclaration des droits... « n'interdit pas au législateur de mettre à la charge d'une ou plusieurs catégories socioprofessionnelles déterminées une certaine aide à une ou plusieurs autres catégories socioprofessionnelles, il s'oppose à une rupture caractérisée du principe de l'égalité, devant les charges publiques entre tous les citoyens ».

Ainsi, désormais, lorsque le législateur voudra, à des fins économiques ou sociales, instituer des exemptions ou des surtaxations, il devra intervenir « dans le respect d'une égalité minimum entre tous les citoyens en raison de leurs facultés » (Y. Gaudemet).

Il reste que l'universalité de l'impôt demeure, en grande partie, théorique. Non seulement la fraude, mais aussi l'administration fiscale, y portent en pratique de rudes atteintes. Il arrive fréquemment, en effet, que le fisc déroge aux dispositions d'un texte législatif ou réglementaire au profit de certaines catégories de contribuables. Ces « *tolérances administratives* » peuvent concerner tout un secteur économique (exonération des profits de construction jusqu'en 1963). Généralement, elles ont une portée plus limitée, mais elles n'en créent pas moins des privilèges au profit des contribuables concernés. Cela est d'autant plus choquant que ces dérogations sont le plus souvent contenues dans des textes d'ordre intérieur (circulaires, instructions) que le redevable ne peut invoquer en principe devant le juge. Toutefois, l'article L. 80 A du Livre des procédures fiscales autorise, sous certaines conditions, le contribuable à demander l'application à son cas des instructions administratives qui lui sont favorables. L'inégalité devant l'impôt est ainsi éliminée, mais c'est au prix d'une atteinte grave à l'ordre juridique : le juge étant contraint par le législateur d'appliquer des règles illégales.

Lecture

— Y. Gaudemet, *Une nouvelle dimension du principe d'égalité devant la contribution publique ?,* Droit social, 1986, p. 372.
— L. Favoreu et L. Philip, *Les grandes décisions du Conseil constitutionnel,* 4e éd. LGDJ, Paris, 1986.
— R. Cros. *Etude critique du concept d'équité horizontale en matière fiscale,* Etudes d'économie publiques, Economica, 1979.
— *Livre des procédures fiscales,* Commentaires J. Lamarque, Dalloz, Paris, 1985.
— L. Stoleru, *Vaincre la pauvreté dans les pays riches,* Flammarion, Paris, 1974.
— OCDE, *L'impôt négatif sur le revenu,* Paris, 1974.

Cf. Doctrines fiscales, Droit fiscal, Famille, Fraude fiscale, Tarif.

EMPLOI

Les libéraux nous le répètent à satiété : « La fiscalité (au sens large), en alourdissant le coût du travail pour les entreprises, tend à diminuer l'offre d'emploi. » (A. Fourcans). Toute diminution des prélèvements obligatoires devrait donc corrélativement conduire à une régression du chômage. Or cet effet ne semble pas avoir été constaté dans le pays où, ces dernières années, la charge fiscale a été allégée.

L'impôt joue certes un rôle dans une politique de plein-emploi, mais ses effets sont multiformes et ils doivent être précisés si l'on veut tenter d'envisager des politiques fiscales pour l'emploi.

Les effets de l'impôt sur l'emploi

Longtemps contestés par les économistes, les effets de l'impôt sur l'emploi apparaissent indiscutables, même si le réseau complexe de relations dans lequel ils s'inscrivent tend à privilégier les réactions psychologiques, difficilement prévisibles.

Se fondant sur une analyse réduite à quelques éléments simples, les économistes néo-classiques pouvaient établir qu'un impôt sur les dépenses de main-d'œuvre et de personnel était neutre. En effet, les prix variant dans la même proportion que les salaires, une augmentation du coût des salaires devait provoquer une augmentation du coût du capital rendant ainsi inutile toute tentative de substitution du capital au travail.

Ces conclusions optimistes qui affirmaient la neutralité de la fiscalité salariale par rapport à l'emploi sont maintenant rejetées par la plupart des économistes. Elles étaient établies, il est vrai, « toutes choses égales par ailleurs ». Or, les progrès techniques qui tendent à faire baisser rapidement et durablement le coût de certains matériels (informatique et bureautique notamment) ne peuvent qu'inciter à une substitution du capital au travail, en cas d'accroissement du coût de la main-d'œuvre. Cette substitution a d'ailleurs été constatée par les économistes de l'INSEE. Ainsi on peut affirmer qu'un accroissement des charges salariales provoque, dans la plupart des cas, un effet de substitution du capital au travail d'où il résulte une diminution de la demande de main-d'œuvre.

Mais cet effet négatif sur l'emploi peut se trouver compensé en raison des réactions entraînées par une augmentation de l'imposition sur l'ensemble des revenus. Face à une augmentation de la pression fiscale le contribuable peut soit redoubler d'effort au travail pour compenser sa perte de revenu (les économistes parlent alors d'*effet de revenu*), soit il peut baisser les bras et choisir de limiter la ponction fiscale en travaillant moins c'est l'*effet de substitution*. Si l'effet de substitution prévaut, il devrait conduire à une diminution de l'offre de main-d'œuvre donc, toutes choses égales d'ailleurs, à une diminution du chômage. Certes rien n'est aussi simple et la substitution du loisir au travail peut elle-même avoir des effets négatifs sur l'emploi si l'intéressé consacre son temps libéré au bricolage ou au travail au noir.

Encore faut-il remarquer que le choix entre le loisir et le travail n'existe que dans le cas où le revenu est suffisamment élevé. Dans les cas où le revenu est faible, et composé en grande partie de prestations sociales, l'effet de revenu sera systématiquement refusé car il pourrait conduire, du fait de la diminution des prestations, à une diminution du revenu disponible. C'est « le piège de la pauvreté » qui décourage les intéressés d'améliorer leur situation par leurs propres efforts.

Enfin, comme le note Ph. Auberger, globalement « il semble qu'il y ait un lien entre l'activité, le niveau de l'investissement et de l'emploi et le taux de la pression fiscale ».

Ce lien n'est pas aussi étroit qu'aurait voulu le laisser croire la trop fameuse courbe de Laffer selon laquelle, au-delà d'un certain seuil d'imposition, toute augmentation des taux d'imposition entraînerait une diminution des recettes, mais il peut résulter d'un contexte socio-économique dans lequel le mimétisme des comportements joue un grand rôle. Cet effet psychologique, déjà constaté par M. Lauré en matière de substitution du capital au travail, doit être pris en compte dans toute politique fiscale de l'emploi.

Les politiques fiscales de l'emploi

Actuellement on songe avant tout aux politiques de lutte contre le chômage, mais l'instrument fiscal a pu être utilité en période de pénurie de main-d'œuvre.

Ainsi, en Grande-Bretagne en 1966, avait été instituée la *« Selective Employement Tax »* (S.E.T.) dont le promoteur était N. Kaldor.

Cette imposition n'avait pas seulement pour but de surtaxer la main-d'œuvre afin de provoquer une substitution du capital au travail, elle visait, de façon plus ambitieuse, à une redistribution de l'emploi entre les différents secteurs économiques. En pénalisant l'emploi dans le secteur des services et en l'aidant dans celui de l'industrie, elle devait provoquer un transfert des travailleurs du secteur tertiaire vers le secondaire, considéré comme plus apte à assurer une croissance économique durable.

La taxe, dont l'institution avait donné lieu à un débat passionné, fut abrogée sans avoir donné de résultats notables. Son échec avait des causes techniques, mais il tenait surtout à une imparfaite connaissance du marché du travail (pénurie des travailleurs qualifiés) et des facteurs psychologiques tels que l'attraction exercée par les emplois tertiaires jugés socialement plus « gratifiants » que ceux de l'industrie.

Dans une conjoncture tout à fait différente, *l'augmentation du chômage* incite, depuis quelques années, à une remise en cause des charges, notamment sociales, qui pèsent sur les salaires.

Plusieurs scénarios ont été envisagés. La baisse des cotisations sociales compensée par une hausse de la TVA est celui qui rencontre le plus d'audience. Mais la compensation des recettes sociales par une taxation de l'investissement a été examinée, comme l'a été aussi la suppression, ou au moins la diminution, de la taxe professionnelle.

D'une manière générale, il est admis que la *diminution des cotisations sociales* même compensée par une hausse de la TVA favoriserait les exportations des entreprises. En effet, la récupération de taxe lors des exportations assure la neutralité de la TVA, ce qui n'est pas le cas des cotisations sociales qui grèvent lourdement le commerce extérieur. Cependant, la hausse des prix entraînée par la majoration des taux de TVA risquerait d'entraîner un ralentissement de la croissance préjudiciable à l'emploi. Les plus optimistes n'attendent de ces mesures qu'une amélioration passagère de la productivité des entreprises françaises, à moins que les salariés ne consentent à faire les frais de l'opération en acceptant un blocage des salaires, ce qui peut se concevoir (H. Steryniak et P. Villa).

Moins inflationniste, mais bien plus difficile à faire accepter, politiquement et psychologiquement, serait une *surtaxation de l'investissement* en compensation d'un allègement des charges sociales. Des secteurs pourvoyeurs de main-d'œuvre tels que ceux du bâtiment et du génie civil, de l'équipement ménager, du matériel électrique et informatique pourraient ainsi se voir favorisés. Mais outre que la taxation de l'investissement pénaliserait la création d'entreprises nouvelles, elle doit être exclue dans la mesure où elle va à l'encontre des dogmes du libéralisme ambiant.

Reste la *diminution de la taxe professionnelle* dont on a pu dire qu'elle était un impôt sur l'embauche. En effet, la base d'imposition de la taxe est constituée, pour partie, par la masse salariale des entreprises. Un allègement de cet impôt, devenu difficile à gérer ces dernières années en raison de ses incessants remaniements, pourrait donc être bien perçu par les employeurs. Mais outre les effets négatifs d'une majoration compensatoire de la TVA, une telle réforme remettrait en cause le fragile équilibre de la fiscalité locale.

Au-delà de ces jeux subtils de taxes compensées, il a été envisagé de faire financer la protection sociale par une TVA spéciale sur laquelle des déductions, fonctions de la masse salariale, seraient admises. Ainsi non seulement l'embauche serait détaxée, mais encore elle deviendrait pour les entreprises la source de divers remboursements en fin d'exercice.

Tous ces projets méritent réflexion car l'emploi est un enjeu national et assurer une neutralité, voire une incitation fiscale en la matière, est important. Mais il ne faudrait pas oublier que la répartition des charges sociales constitue le point d'interaction de tant d'intérêts opposés que toute réforme, même limitée, susceptible d'affecter l'équilibre précaire existant, risque d'avoir des conséquences profondes et imprévues.

Lecture

— Ph. Auberger, *Propositions pour une réforme fiscale*, Revue française de finances publiques, R.F.F.P., 1985, n° II.

— P. Artus et C. Bismut, *Substitution et coût des facteurs : un lien existe-t-il ?* Economie et Statistiques, n° 27.

— P. Arthus, H. Sterdyniak et P. Villa, *Investissement, emploi et fiscalité*, Economie et Statistiques, n° 127.

— D. Barroy, *La charge fiscale des entreprises : éléments statistiques*, RFFP, 1985, n° 9.

— B. Bobe et P. Llau, *Fiscalité et choix économiques*, Calman-Lévy, 1978.

— Les Cahiers Français, *Découverte des finances publiques : les prélèvements obligatoires*, n° 225, La documentation française, 1986.

— Conseil des Impôts, *sixième rapport relatif à la TVA*, Imprimerie nationale, Paris, 1983.

— A. Fourcans, *Une fiscalité moderne pour une économie moderne*, RFFP, n° I, 1983.

— P. Saunders et F. Klau, *Le rôle du secteur public*, Revue économique de l'OCDE, 1985, n° 5.

— H. Sterdyniak et P. Villa, *Faut-il substituer de la TVA aux cotisations des employeurs ?* Observations et diagnostics économiques, n° 6, janv. 1984.

Cf. Cotisations sociales, Impôts locaux, Interventionnisme fiscal, Investissement, Politique fiscale.

ENREGISTREMENT

L'enregistrement est une formalité qui consiste en principe à analyser un acte juridique sur un registre tenu par le receveur des impôts. En pratique, actuellement, la plupart des actes soumis à l'enregistrement sont au préalable analysés sur un bordereau qui est conservé par la recette des impôts.

La formalité de l'enregistrement a un double but : fiscal et juridique.

Fiscalement, la formalité donne lieu au paiement d'un droit : le droit d'enregistrement.

Juridiquement, la formalité de l'enregistrement *donne date certaine* aux actes sous seing privé et il crée une présomption ou un commencement de *preuve* par écrit. En principe, l'enregistrement d'un acte est étranger à sa substance, cependant, il peut *conditionner la validité* de tels actes (promesse unilatérale de vente d'immeubles ou de fonds de commerce constatée sous seing privé) ou de tels privilèges (privilège du vendeur de fonds de commerce, privilège du créancier gagiste).

La formalité de l'enregistrement est *obligatoire* pour certains actes : actes notariés, exploits d'huissiers, actes portant transmissions de propriété, cession de fonds de commerce, actes de sociétés. L'obligation s'applique aussi à des mutations de propriété ou de jouissance même si elles ne sont pas constatées par écrit : cessions d'immeubles entre vifs, succession, cession de parts sociales dans les sociétés dont le capital n'est pas divisé en actions. En réalité, les deux catégories juridiques, actes et mutations, se recouvrent en partie. Il est rare, en effet, qu'une vente d'immeuble ne fasse pas l'objet d'un écrit.

Pour les actes sous seing privé (procurations, reconnaissances de dettes, quittances) la formalité de l'enregistrement reste *facultative*.

Il faut distinguer la *formalité de l'enregistrement* de la *formalité de publicité foncière* effectuée à la conservation des hypothèques. Toutefois, depuis le 1er octobre 1970 (loi du 29 décembre 1969) il existe une *formalité fusionnée* qui regroupe les formalités d'enregistrement et de publicité foncière pour les seuls actes soumis à la publicité foncière (mutations entre vifs et à titre onéreux de droits réels immobiliers). La formalité fusionnée s'effectue à la Conservation des hypothèques.

Il existe donc actuellement *trois formalités* — la formalité d'enregistrement, la formalité de publicité foncière et la formalité fusionnée — auxquelles correspondent trois impôts : les droits d'enregistrement proprement dits, l'ancienne taxe de publicité foncière et la nouvelle taxe de publicité foncière qui regroupe les deux impôts précédents (C. David).

L'enregistrement donne lieu, en règle générale, à la perception immédiate d'un droit qui peut être *fixe* (410 F pour les actes enregistrés volontairement), *proportionnel* (vente d'immeubles, cessions de parts sociales, etc.) ou *progressif* (successions, donations).

Lecture
— R. Clausard, *Les conservations des hypothèques. Organisation et attributions*, Revue Française de Finances Publiques, n° 15, 1986.
— C. David, *Droit de l'enregistrement et taxe de publicité foncière*, Mémentos Dalloz, Paris, 1984.

Cf. Administration fiscale, Capital, Dépense, Investissement.

ÉPARGNE

L'épargne, dans son volume, sa structure et sa formation, est directement affectée par l'impôt.

Si l'on définit l'épargne comme le revenu non consommé, on constate que l'impôt sur la dépense et l'impôt progressif sur le revenu affectent le *volume de l'épargne* de façon inverse. La croissance de l'impôt sur la dépense, qui atteint l'acte de consommation, renforce la propension à épargner lorsque le revenu s'élève. En revanche, en raison de son caractère progressif, l'impôt sur le revenu atteint plus lourdement l'épargne potentielle qu'il ne réduit la consommation. En effet, si l'on admet que la propension à consommer décroît lorsque le revenu augmente, l'impôt progressif en surtaxant les revenus élevés diminue la part de ceux-ci qui aurait pu être consacrée à l'épargne.

Une politique fiscale favorable à l'accroissement de l'épargne devrait donc soit taxer exclusivement la dépense (impôt unique et progressif sur la dépense), soit diminuer sensiblement la progressivité de l'impôt sur le revenu. Si l'imposition exclusive de la dépense n'a fait jusqu'ici que l'objet de projets, la réduction de la progressivité a été entreprise dans beaucoup de pays industrialisés et notamment aux Etats-Unis où le taux marginal de l'impôt sur le revenu a été ramené de 50% à 28%.

Il est trop tôt pour connaître les résultats de cette politique de détente des taux d'imposition des revenus, mais il est certain que celle-ci n'est qu'un élément dans une stratégie de l'épargne. En effet, le comportement de l'épargnant est complexe et, de plus, dans nos économies fondées sur le crédit, l'accroissement de la consommation n'implique pas forcément une diminution de l'épargne.

La *structure de l'épargne* conditionne directement son incidence économique. Une épargne longue et stable capable de nourrir l'investissement est plus utile économiquement qu'une épargne liquide ou à court terme. La fiscalité peut encourager la formation de l'épargne longue. La déduction d'une fraction des primes d'assurance-vie du montant du revenu ou du montant de l'impôt, comme actuellement, constitue un premier pas dans cette voie. Mais les incitations fiscales à la constitution de *plans d'épargne en vue de la retraite* semblent plus efficaces. A ce titre les placements effectués dans le cadre d'un compte d'épargne retraite seront déductibles du revenu jusqu'à un plafond de 12.000 F par an pour un couple.

La *formation de l'épargne* fait habituellement l'objet d'une discrimination fiscale. La fiscalité favorise en général plus l'épargne des entreprises que celle des ménages. Cela s'explique facilement par le souci de développer l'autofinancement qui constitue la source principale (les trois quarts environ) de l'investissement. Cependant, l'autofinancement accroît l'indépendance des entreprises vis-à-vis des politiques financières de l'Etat et risque d'encourager des investissements inutiles (R. Barre).

Pour stabiliser le taux d'épargne des ménages, qui a chuté de près de cinq points en dix ans (16,6% à 12% du revenu disponible entre 1977 et 1987) sans nuire à l'investissement, le gouvernement a réformé la fiscalité des *revenus de valeurs mobilières*. Les revenus des actions et des obligations bénéficient désormais d'un *abattement de 10.000 F* ce qui permet, sur la base d'un taux de rendement moyen de 5%, de constituer un portefeuille exonéré d'impôt de 200.000 F. En outre, le *prélèvement forfaitaire libératoire* de l'impôt sur le revenu est maintenu au taux de 26% pour les revenus des obligations. Quant à l'*avoir fiscal* sur les dividendes des actions, son taux a été porté de 50 à 61%.

Lecture

— R. Barre, *Economie politique*, Tome I, PUF, Paris, 1985, 14e éd.
— *Conseil national du crédit*, « Les instruments d'épargne », Imprimerie nationale, Paris, 1986.
— E. A. Lisle, *Epargne*, Encyclopedia Universalis.
— G. Pierrot, *A la recherche d'une théorie de l'épargne*, Revue de science financière, 1967.

Cf. Avoir fiscal, Dépense, Investissement, Politique fiscale.

FAIT GÉNÉRATEUR (de l'impôt)

Le fait générateur de l'impôt est l'événement, l'acte ou la situation qui fait naître la créance d'impôt. Ainsi, l'acte qui constate la cession d'un immeuble est générateur du droit d'enregistrement applicable à la mutation, le franchissement d'une frontière est générateur des droits de douane, l'occupation d'un immeuble dans la commune au 1er janvier est générateur de la taxe d'habitation.

Non seulement le fait générateur donne naissance à la créance fiscale, mais encore il détermine le régime juridique de l'impôt. En effet, on le voit par les exemples cités, du fait générateur dépend, au moins en partie, l'application de la loi fiscale dans le temps et dans l'espace. Ainsi, la loi fiscale n'étant pas en principe rétroactive, elle ne s'appliquera qu'aux événements, situations ou actes postérieurs à la publication de la loi. De même, la créance fiscale ne peut naître, en règle générale, au profit d'un Etat ou d'une collectivité, que si le fait générateur de l'impôt se produit sur le territoire de cet Etat ou de cette collectivité, c'est-à-dire là où s'exerce sa souveraineté ou sa compétence.

Le fait générateur fait naître la créance d'impôt, mais il n'a pas généralement pour effet de créer d'emblée une obligation de paiement à l'encontre de la personne imposable. Ainsi, en matière de TVA, sur les prestations de services, le fait générateur de l'impôt est *l'exécution* du service. Or, la taxe ne devient exigible que lors de l'*encaissement* du prix. Il faut donc distinguer entre le fait générateur qui se rattache à l'existence de l'impôt et l'*exigibilité* qui a trait à son paiement.

Lecture

— C. Gour, L. Molinier, G. Tournié, *Droit fiscal*, PUF, Paris, 1977.

Cf. Droit fiscal, Liquidation de l'impôt.

FAMILLE

Au sens courant la famille désigne un groupe social fondé sur le mariage et qui réunit sous le même toit parents, enfants et éventuellement ascendants ou collatéraux.

Du point de vue économique la famille détient un pouvoir économique autonome qui dépasse la somme des revenus de ses membres. De plus, le ménage commun permet au groupe familial de réaliser des économies d'échelle sur les charges fixes telles que le logement, la nourriture, l'énergie ou l'automobile.

On observera, cependant, que ces avantages économiques ne sont pas liés directement à l'existence d'un lien de parenté, mais à la cohabitation. Ceci se traduit dans la terminologie de la comptabilité nationale qui ne retient pas le concept de famille, mais de ménage, c'est-à-dire « l'ensemble des personnes habitant un même logement qu'elles aient ou non un lien de parenté ».

Fiscalement, la famille est diversement traitée.

L'impôt sur la dépense ignore totalement la famille. Chaque acte de consommation est taxé séparément. Certains impôts sur le capital — les droits de mutation à titre gratuit — prennent en considération le lien de parenté. Mais c'est avec l'impôt sur le revenu que la famille devient sujet fiscal.

En effet, à partir du moment où l'on institue un impôt progressif sur le revenu global du contribuable, le choix de l'unité d'imposition : individu, couple ou famille, devient primordial.

L'*imposition séparée* de chacun des membres de la famille qui est répandue dans le monde (Australie, Autriche, Canada, Grèce, Italie, Japon), ignore la famille en tant qu'entité économique. Chaque titulaire de revenu est taxé séparément, un abattement sur le revenu ou un crédit d'impôt permettant de tenir compte des personnes vivant à sa charge. Ce système d'imposition limite les effets de la progressivité quand les revenus sont également distribués dans la famille. Il évite toute discrimination entre les familles et les simples cohabitations. Il encourage l'activité professionnelle des femmes mariées. Cependant, l'imposition séparée rend pratiquement très difficile la prise en compte, par déduction sur le revenu global, de certaines charges liées à la famille telles que celles afférentes au logement familial. De plus, elle « crée de nouvelles possibilités sur le plan de la fraude fiscale » (Congrès I.F.A., 1972).

L'*imposition commune facultative* permet à la femme mariée d'opter pour l'imposition séparée, tandis que les revenus des enfants mineurs sont toujours imposés au nom de chacun de leur titulaire. Cette modalité de taxation très souple peut aboutir soit à un système d'imposition séparée, soit à une imposition familiale commune si les enfants n'ont pas de revenus distincts et que l'épouse reste dans la communauté fiscale. Dans ce cas les charges de famille sont prises en compte soit par des déductions sur la base d'imposition si l'on aboutit à l'imposition séparée, soit par l'application du barème progressif sur la moitié seulement des revenus du foyer (quotient conjugal) avec déductions forfaitaires pour les autres personnes à charge. L'imposition commune facultative est appliquée notamment en République fédérale allemande et aux Etats-Unis.

Enfin, en France et dans quelques pays européens (Espagne, Belgique) c'est *l'imposition par foyer* qui prévaut. Dans ce cas les revenus des époux et leurs enfants sont taxés ensemble. La famille, qui n'inclut ni les collatéraux ni les ascendants, est alors l'unité d'imposition. De ce fait une discrimination est établie entre la famille légale (fondée sur le mariage) et les autres formes de cohabitation dont les membres ne peuvent faire l'objet que d'une imposition séparée. L'imposition commune des revenus du foyer fiscal pourrait pénaliser les familles. Aussi, en France, s'applique un ingénieux mécanisme de *quotient familial*. Celui-ci consiste à diviser le montant du revenu imposable du foyer fiscal en un certain nombre de parts fixé en fonction de la composition de la famille du contribuable. Les conjoints ont droit chacun à une part, plus une demi-part, en principe, par personne à charge. Ainsi le revenu du contribuable marié avec deux enfants à charge sera divisé en trois parts. Le barème progressif de l'impôt est ensuite appliqué sur la part de revenu ou quotient familial, ce qui a pour effet d'atténuer la progressivité. Enfin, l'impôt afférent au quotient familial est multiplié par le nombre de parts pour obtenir l'impôt dû par le contribuable.

Conçu, en 1945, pour favoriser la natalité en diminuant la charge fiscale des familles nombreuses, le quotient familial a fait depuis lors l'objet de controverses passionnées.

D'abord, on lui reprocha de privilégier les « gosses de riches » dans la mesure où, à charges de famille égales, l'avantage résultant du quotient familial est d'autant plus important que le revenu imposable est élevé. Cet inconvénient a été pallié par le plafonnement du gain d'impôt qui résulte du quotient familial. Actuellement celui-ci ne peut dépasser 10.770 F par demi-part.

Ensuite, paradoxalement, ces dernières années la technique du quotient familial s'est retournée contre les familles (légales) qu'elle avait pour but d'aider. En effet, afin d'apporter un soutien à ce qui n'était à l'origine que des cas sociaux particuliers, une demi-part supplémentaire avait été accordée en 1959 pour le premier enfant à charge de personnes célibataires ou divorcées. Mais en vingt ans (1965-1985) la proportion des naissances hors mariage est passée de 5 à 20% du total des naissances. Le nombre annuel des mariages a considérablement diminué (420.000 à 260.000 en quinze ans), tandis que le concubinage progresse. En favorisant les concubins chargés de famille par rapport aux couples mariés ayant le même nombre d'enfants, le quotient familial accentue la propension au concubinage. En outre, l'imposition commune avec quotient familial n'a un intérêt fiscal certain que lorsque les revenus du ménage proviennent en totalité, ou en grande partie, d'un seul des conjoints. Or, cette situation est de moins en moins fréquente du fait de la généralisation du travail féminin et de la tendance à l'égalisation des qualifications professionnelles et des salaires entre les hommes et les femmes.

Si l'on ajoute que la déduction de certaines charges du revenu global (déduction des dépenses pour économie d'énergie, frais de garde des jeunes enfants, etc.) sont liées non à la personne, mais au foyer fiscal, on comprendra que les familles légales sont pénalisées. En effet, alors que le couple marié constitue un foyer fiscal, le couple de concubins réunit deux foyers fiscaux qui peuvent doubler ainsi leurs avantages.

Il apparaît nécessaire dans un premier temps de rétablir l'égalité fiscale entre les familles qu'elles soient ou ne soient pas fondées sur le mariage. L'ouverture aux contribuables d'un droit d'option entre l'imposition commune et l'imposition séparée pourrait être, en dépit de son coût et de ses dangers d'évasion fiscale, un moyen. Cela ne résoudrait cependant pas le problème de la dénatalité qui a des causes plus profondes dans le réseau desquelles la fiscalité joue, comme souvent, un rôle plus symbolique qu'économique.

Lecture

— Cahiers de droit fiscal international, « *Le régime fiscal des unités familiales* », Congrès I.F.A., 1972, Kluwer, Pays-Bas, 1972.

— Revue Française de Finances Publiques, « *La famille et l'impôt* », n° 14, L.G.D.J., Paris, 1986.

— E. Sullerot, *Le statut matrimonial, ses conséquences juridiques, fiscales et sociales*, J.O. Avis et rapports du Conseil économique et social, 13 janvier 1984.

Cf. Droit fiscal, Egalité, Impôt sur le revenu, Interventionnisme fiscal, Politique fiscale, Sociologie fiscale, Tarif.

FORFAIT FISCAL

Forfait signifie étymologiquement « à prix fait ». C'est un contrat conclu à un prix fixé à l'avance, les parties renonçant, pour des raisons de commodité, à une évaluation exacte.

Le forfait fiscal n'est jamais un contrat, pas toujours un accord, mais on retrouve dans l'évaluation forfaitaire en matière fiscale l'élément d'approximation, d'aléa qui caractérise tout forfait.

Le forfait fiscal est un moyen relativement simple pour évaluer les bases d'imposition d'un contribuable. Bien qu'il tende à disparaître dans les systèmes fiscaux modernes au profit de l'évaluation réelle, il joue encore en France un rôle non négligeable.

L'évaluation forfaitaire peut être collective et objective, l'administration répartissant, entre chaque redevable, les bases d'imposition. Elle peut être individuelle et subjective, chaque contribuable débattant, avec le fisc, le montant de son revenu imposable.

Le *forfait collectif*, généralement approximatif, constitue une sorte d'évaluation administrative qui ne laisse, en principe, qu'une place réduite au dialogue avec les contribuables.

Le forfait collectif en France est appliqué aux revenus agricoles. Il consiste à chiffrer avec précision le revenu réel d'une ou plusieurs exploitations types dans une région agricole déterminée. Les bénéfices moyens à l'hectare, ou en fonction des quantités produites pour les cultures spéciales (viticulture, aviculture) sont ensuite appliqués à chaque exploitation.

La détermination des bénéfices forfaitaires est effectuée dans chaque département par la commission départementale des impôts, au sein de laquelle siègent des représentants des agriculteurs. Cette représentation, bien qu'indirecte, peut s'avérer extrêmement efficace dans la mesure où les interlocuteurs de l'administration auront une parfaite connaissance des problèmes agricoles locaux. De plus, les fédérations d'exploitants peuvent faire appel des décisions des commissions départementales devant la commission centrale des impôts directs, composée de hauts magistrats, qui statue souverainement.

Le type même du *forfait individuel* est celui pratiqué en France pour l'évaluation des bénéfices industriels et commerciaux. Ce forfait vise à déterminer le bénéfice normal que peut réaliser l'entreprise soumise à ce régime. Il s'agit d'un revenu individuel calculé à partir des renseignements fournis par chaque contribuable : le chiffre d'affaires de l'entreprise, la valeur des stocks, les salaires versés. L'inspecteur peut ainsi évaluer le bénéfice brut d'exploitation qui conduira à la détermination du bénéfice net après déduction des frais généraux qui peuvent être supputés.

Pour contrôler les renseignements fournis par les contribuables et apprécier les frais généraux, l'administration recourt à des comparaisons effectuées à l'aide des *monographies fiscales*. Il s'agit d'études détaillées des entreprises dans les différentes branches d'activité professionnelle. Ces études ne sont pas directement opposables au contribuable puisque le forfait vise à définir le bénéfice normal de l'entreprise et non pas un bénéfice normal moyen. D'ailleurs, le plus souvent, un débat s'instaure entre le contribuable et l'administration pour la fixation du forfait, d'où le nom de forfait *conventionnel* ou, pour mieux dire, *débattu* qui est donné à cette procédure. En cas de désaccord persistant entre le forfaitaire et l'inspecteur, la commission départementale des impôts fixe le montant du bénéfice imposable.

Le régime de *l'évaluation administrative* en matière de bénéfices non commerciaux est plus proche de l'évaluation indiciaire que forfaitaire. En effet, l'administration se borne, dans ce cas, à supputer le montant des frais professionnels déductibles des recettes annuelles déclarées par le contribuable.

Les méthodes d'évaluation forfaitaire sont actuellement remises en question car, en dépit de leur commodité, elles entraînent, tant pour l'administration que pour les redevables, des inconvénients non négligeables.

En effet, outre les risques d'évaluation erronée qu'elles comportent, notamment pour le forfait collectif agricole souvent sous-évalué, elles n'incitent pas les contribuables à améliorer les conditions de leur gestion par la tenue d'une comptabilité rationnelle.

De plus, si le forfait ne prend pas en compte, en principe, les plus-values d'actif, il ignore en revanche les pertes en capital ainsi que les déficits d'exploitation. Par là, ce mode d'évaluation peut s'avérer rigoureux pour les forfaitaires quand on songe que près de la moitié des personnes morales soumises à l'impôt sur la société sont fiscalement déficitaires et que la taxation des plus-values est le plus souvent modérée. Enfin, le contribuable soumis au forfait peut voir son forfait remis en cause et il n'est pas à l'abri d'une vérification approfondie de sa situation fiscale d'ensemble visant à comparer ses revenus forfaitaires avec le montant apparent de ses disponibilités, telles qu'elles semblent résulter de son train de vie et de toute autre forme de dépenses ou de placements.

Bien que le forfait ne s'applique qu'aux petites entreprises (chiffre d'affaires inférieur à 150.000 F pour les artisans et 500.000 F pour les commerçants, hôteliers, restaurateurs, cafetiers et agriculteurs), il est encore largement répandu en France. En 1984, 85 % des entreprises agricoles et 45 % des entreprises industrielles et commerciales y étaient soumises. Mais la tendance est à la régression du fait d'une politique de blocage des seuils d'imposition forfaitaire depuis une quinzaine d'années.En outre, diverses mesures, telles notamment que l'institution de régimes réels simplifiés et la création des centres de gestion agréés, viennent inciter les contribuables à opter pour l'évaluation réelle de leurs revenus.

Lecture

— A. Lapidoth, *The use of estimation for the assessment of taxable business income*, BIDF, Amsterdam, 1977.

— L. Trotabas et J. Cérèze, *L'imposition forfaitaire des BIC*, LGDJ, Paris, 1958.

Cf. Assiette de l'impôt, Catégories de revenus, Centres de gestion agréés, Commissions fiscales, Contrôle fiscal, Plus-values.

FRAIS GÉNÉRAUX

Les frais généraux sont des dépenses nécessitées par la marche de l'entreprise et qui n'ont pas de contrepartie à l'actif.

Constituent des frais généraux, déductibles en principe du bénéfice imposable : les frais de personnel, les charges sociales, les frais de location et d'entretien des locaux, les impôts professionnels (à l'exclusion de l'impôt sur les sociétés), les charges des dettes contractées dans l'intérêt de l'entreprise.

En revanche, le prix d'acquisition d'un élément d'actif (terrain, bâtiment, mobilier, brevet) est une dépense d'investissement non déductible qui peut seulement être amortie sur la durée d'utilisation de l'élément acquis.

Pour être déductibles du bénéfice imposable, les frais généraux doivent :

1) se traduire par une diminution de l'actif net ;

2) être appuyés de justifications suffisantes ;

3) se rattacher à la gestion normale de l'entreprise ou avoir été engagés dans l'intérêt de l'exploitation.

En outre, certains frais généraux susceptibles de constituer une source d'abus ne sont pas déductibles. Il en est ainsi, en France et aux Etats-Unis, des dépenses de chasses et de pêches privées, des dépenses se rapportant aux résidences de plaisance et à l'utilisation de yachts et de bateaux de plaisance. En Norvège et au Royaume-Uni les frais de réceptions et de voyages sont exclus du droit à déduction.

La déduction de certains frais peut être aussi limitée. Aux Pays-Bas, l'amortissement des voitures de tourisme est limité à 85 % de leur valeur. En France, l'amortissement de ces mêmes véhicules ne peut excéder 50.000 F.

Enfin, en France, une taxe spéciale sur certains frais généraux (notamment ceux de représentation) a été établie. Cette taxe perçue cette année au taux de 15 % n'est pas déductible du bénéfice imposable. Elle devrait être supprimée au 1er janvier 1989.

En dépit de ce luxe de précautions, les frais généraux restent, dans la plupart des pays, l'une des échappatoires fiscales les plus couramment utilisées par les contribuables. Les formes de cette évasion fiscale sont innombrables et toujours renouvelées : gonflement de notes de frais de représentation ; utilisation privative par les dirigeants des voitures, des avions, des résidences ou du personnel payés par la société ; assurances-vie importantes contractées par la société au profit de ses associés, intérêts exagérés versés pour des avances faites par des dirigeants, rémunérations excessives de brevets ou licences, etc.

La lutte contre ces formes d'évasion fiscale est difficile. En effet, le fisc se heurte au principe de l'autonomie de gestion de l'entreprise qui interdit à l'administration fiscale de se substituer à l'entrepreneur pour apprécier l'opportunité de ces dépenses. De ce point de vue le critère objectif de la rentabilité n'est pas toujours applicable. Ainsi le Conseil d'Etat a admis qu'un entrepreneur n'est pas tenu de tirer le profit maximum de son entreprise.

De plus, souvent, les administrations fiscales ne souhaitent pas, dans un contexte de concurrence internationale très vive, adopter une attitude trop rigoureuse quant au contrôle des frais généraux, afin de ne pas défavoriser les entreprises nationales par rapport à leurs concurrentes étrangères.

Lecture

— A. Margairaz, *La fraude fiscale et ses succédanés*, Blonay (Suisse), 1970.

Cf. Bénéfice imposable, Contrôle fiscal, Fraude fiscale.

FRAUDE FISCALE

La fraude fiscale peut être définie comme une infraction à la loi commise dans le but d'échapper à l'imposition ou d'en réduire le montant.

Ainsi la fraude comporte un élément matériel, la transgression de la légalité fiscale, et un élément intentionnel, la volonté de payer moins d'impôts. En principe, lorsqu'un des deux éléments fait défaut, il n'y a pas fraude. Ainsi, l'illégalité commise involontairement et sans intention d'en tirer profit est une erreur réparable non une fraude. De même la seule intention de payer moins d'impôt en choisissant, parmi les procédures offertes par la loi, la voie la moins onéreuse ne constitue pas un agissement frauduleux. C'est de l'habileté fiscale et, comme en convenait un commissaire du Gouvernement, celle-ci « n'est pas nécessairement un vice de nature à justifier un redressement ».

Toutefois, entre l'erreur candide et l'habileté vertueuse, il y a place pour toute une série de comportements qui selon les circonstances de l'espèce constitueront une fraude ou une évasion fiscale légale. Ainsi l'habileté fiscale peut être telle qu'elle aboutisse, en recourant à des artifices juridiques, à rendre inopérante la loi d'impôt. La théorie de l'*abus de droit* permettra dans ce cas d'écarter la construction juridique qui fait écran à l'application de la loi. Mais il est souvent bien difficile de dire « où s'arrête la vertu d'habileté et où commence le péché de fraude » (M. Cozian). De même, l'administration pourra écarter les incidences fiscales des actes qui, sans violer aucune prescription fiscale, paraissent être contraires à l'intérêt de l'entreprise. C'est la théorie de l'*acte anormal de gestion* qui, comme la précédente, permet d'apercevoir les confins incertains de la fraude fiscale.

Difficile à définir, la fraude fiscale est encore plus *difficile à évaluer*. Au début des années 80 les estimations officielles de la fraude en France la situaient dans une fourchette de 50 à 100 milliards soit environ 2% du produit national, c'est-à-dire moitié moins qu'en Suède où elle représenterait près de 5% du PNB.

La fraude est inégalement répartie entre les différentes catégories d'impôts et de contribuables.

Ainsi, à partir de la comparaison entre les revenus déclarés au fisc et les revenus catégoriels reconstitués en fonction des données de la comptabilité nationale, le Conseil des impôts a pu établir que la sous-estimation des revenus déclarés par les tiers (salaires, dividendes) est faible. Parmi les professions indépendantes, elle serait plus importante dans l'agriculture que dans le commerce et l'industrie. La fraude, en matière d'impôts sur les profits, consiste essentiellement à dissimuler une partie du chiffre d'affaires et à gonfler fictivement les frais généraux et les éléments du passif. On admet généralement que les petites et moyennes entreprises fraudent plus que les grandes sociétés. En tout cas, la fraude par dissimulation est rendue plus difficile dans les groupes industriels et commerciaux en raison des complicités qu'elle exige. En revanche, les sociétés multinationales bénéficient de possibilités d'évasion fiscale internationale considérables.

La fraude à la TVA est diversement appréciée. Pour le conseil des impôts elle se situerait entre 6 et 10% du produit de la taxe, soit actuellement entre 25 et 40 milliards. Elle est le fait des ventes sans factures aux non-assujettis, mais aussi des circuits de fausses factures décrits par J. Cosson. Dans ce dernier cas, la fraude, qui devient du banditisme, permet au redevable de s'approprier des crédits de TVA qui ne lui appartiennent pas et de diminuer son bénéfice imposable. Ce type de manœuvres frauduleuses ne peut se pratiquer qu'avec le concours d'hommes de paille (les « taxis ») et en l'absence d'une gestion bancaire vigilante.

En matière de droits d'enregistrement, la dissimulation des mutations est plutôt rare (sauf dons manuels d'espèces ou de valeurs anonymes). C'est surtout la minoration du prix stipulé ou de la valeur vénale déclarée qui est pratiquée.

Les *causes de la fraude* sont évidemment multiples.

Les mentalités collectives ont souvent été invoquées pour expliquer l'incivisme fiscal. Il faut bien reconnaître que l'universalité de la fraude dans le temps et dans l'espace rend peu convaincant ce type d'arguments, au demeurant difficile à établir.

Il est certain qu'il existe tout un contexte socio-économique (l'idéologie, le statut social, la profession exercée, la conjoncture économique) qui favorise la fraude ou incite à s'en détourner. Mais les causes immédiates tiennent au système fiscal lui-même.

La complexité de la réglementation fiscale et les choix multiples qu'elle offre ouvrent aux contribuables ingénieux ou bien conseillés, des possibilités de tourner la loi plus nombreuses que ne pouvaient le faire les impôts indiciaires du XIXe siècle. De plus, psychologiquement, l'obligation de déclaration qui prévaut dans la fiscalité moderne suscite souvent une irritation mêlée de crainte, très propice à la dissimulation.

En outre, les contrôles fiscaux restent limités. En effet, bien que les moyens en personnel et en matériel de l'administration fiscale ne soient pas négligeables, 10 % seulement des entreprises importantes sont vérifiées chaque année et ce pourcentage est bien plus faible pour la foule des petites entreprises. Les dizaines de millions de bulletins de recoupement qui devraient permettre de contrôler la sincérité des déclarations, ne sont que très partiellement exploités. En outre l'intensification des contrôles rencontre ses propres limites. Il faut éviter qu'elle ne suscite le spectre de l'inquisition fiscale et ne contribue à dégrader le climat des relations entre l'administration et les contribuables qui est un élément important dans la propension à frauder.

Reste le poids de l'impôt. Il est évident qu'il existe un lien entre le niveau de la fiscalité et la fraude. Mais il serait faux d'y voir une liaison linéaire. D'abord, le rendement global de l'impôt ne préjuge pas de sa répartition entre les groupes. Comme l'écrivait Balzac : « Diminuer la lourdeur de l'impôt... n'est pas... diminuer l'impôt, c'est le mieux répartir ». En outre, la contestation de l'impôt est souvent le fait des catégories sociales fiscalement favorisées. Ainsi les agriculteurs et les petits commerçants sont moins imposés que les salariés et pourtant leur civisme fiscal ne s'en trouve pas amélioré, tant s'en faut. Enfin, la pression fiscale individuelle, est une pression ressentie, vécue, qui n'a que peu de rapport avec le poids réel de l'impôt. Le contribuable réagit à la marge, ce qui rend souvent imprévisible son comportement.

Il paraît donc difficile de légitimer la fraude en en faisant « le droit de résistance à l'oppression fiscale » (J. C. Martinez).

Ce n'est pas la fraude, mais une meilleure application de l'impôt, incluant précisément une action patiente et bien menée contre la fraude, qui permettra d'éviter l'oppression fiscale.

Lecture

— L. Cadiet, E. Neveu et autres, *Regards sur la fraude fiscale*, Economica, Paris, 1986.
— Conseil des impôts, « *Quatrième et sixième rapports* », 1979 et 1983, Imprimerie nationale, Paris.
— J.-C. Martinez, *La fraude fiscale*, Que sais-je ? PUF, Paris, 1984.

Cf. Contrôle fiscal, Conventions fiscales internationales, Droit fiscal, Paradis fiscaux, Résistance à l'impôt, Sociologie fiscale.

HARMONISATION FISCALE

L'harmonisation fiscale résulte d'un phénomène de mimétisme qui se conjugue avec l'effort continu des organisations internationales en vue de faciliter les relations économiques entre les Etats.

Le mimétisme qui se manifeste en matière fiscale, comme dans les autres domaines de la vie sociale, est largement spontané. Les pays en voie de développement reprennent les techniques d'imposition des pays développés qui eux-mêmes procèdent à peu de frais à des réformes, échangeant leur savoir-faire fiscal. Ce chassé-croisé ne donne pas les meilleurs résultats car il conduit trop souvent à oublier les nécessités socio-économiques qui régentent l'impôt.

Cependant, dans un marché mondial en formation, un minimum d'harmonisation fiscale est indispensable pour limiter les entraves à la concurrence et faciliter les échanges. L'*harmonisation fiscale* ne signifie ni la suppression des frontières fiscales ni l'unification fiscale, elle implique seulement la *compatilité des règles fiscales* des différents pays participant au commerce international.

Le conseil économique et social des Nations Unies poursuit, à travers les travaux de son comité d'experts, l'harmonisation des règles qui régissent la rédaction des conventions bilatérales internationales et la lutte contre l'évasion fiscale. De son côté, le comité fiscal de l'OCDE a établi des modèles de conventions qui sont appliqués par la plupart des Etats membres de cette organisation. En outre, le Fonds monétaire international, par ses publications comme par ses missions d'expertises, contribue largement à l'unification fiscale dans les pays en voie de développement, en faisant souvent bon marché des circonstances et nécessités locales.

En Europe occidentale, l'*harmonisation fiscale* s'effectue surtout dans *le cadre de la Communauté Economique Européenne*.

Le premier effort des Communautés a été d'unifier les taxes sur le chiffre d'affaires et les accises qui étaient de nature à introduire des distorsions dans les échanges commerciaux. En dix ans, entre le 11 avril 1967, date de l'adoption des deux premières directives en matière de TVA, et le 17 mai 1977 qui voit l'adoption de la VIe directive, la TVA a été unifiée. Seuls les taux de la taxe conservent, et certainement pour longtemps, leur diversité.

En revanche, en matière d'impôts directs, l'harmonisation tarde. Des propositions de directives qui datent respectivement du 16 janvier 1969 pour les fusions de sociétés et du 25 juillet 1975 pour l'harmonisation des systèmes d'impôt sur les sociétés et d'imposition des dividendes n'ont toujours pas été adoptées. Il y a à cela plusieurs raisons. L'influence de la fiscalité directe est jugée moins déterminante que celle de la fiscalité indirecte sur les conditions de la concurrence. De plus, en période de crise, les Communautés entendent laisser aux Etats la pleine maîtrise, et aussi la pleine responsabilité, de leur politique fiscale conjoncturelle. Ainsi les dernières directives adoptées ne concernent pas l'action fiscale, mais son contrôle (directives des 19 décembre 1977 et 6 décembre 1979 sur l'assistance mutuelle des administrations en matière d'impôts directs et de TVA).

Enfin, les directives qui imposent aux Etats une obligation de résultat, mais non de moyens, ne sont pas susceptibles de produire des effets directs dans l'ordre juridique d'un Etat membre. Tout au plus, en France, le Conseil d'Etat admet-il que le justiciable français invoque les termes d'une directive afin d'assurer le contrôle d'actes réglementaires.

Lecture

— J.-P. Jarnévic, *Droit fiscal international*, Economica, Paris, 1986.
— G. Montagnier, *L'harmonisation communautaire des impôts directs*, Revue Française de Finances Publiques, n° 4, lire aussi du même auteur, les remarquables chroniques de fiscalité dans La Revue trimestrielle de droit européen.

Cf. Conventions fiscales internationales, Contrôle fiscal, TVA.

IMPÔT

« De nos jours l'impôt fait recette » disait un humoriste. La diffusion du phénomène fiscal entraîne l'apparition de contrefaçons et de succédanés. Noyé dans la foule des prélèvements obligatoires, l'impôt a une spécificité qu'il est indispensable de faire apparaître tant pour sa compréhension que pour sa bonne application.

Les définitions de l'impôt, fournies surtout par la doctrine et la jurisprudence, ne manquent pas. En dépit de leur diversité, elles mettent toutes en évidence trois éléments stables :

— l'impôt est un acte de puissance publique ;
— il constitue un prélèvement sur la propriété ;
— il est effectué dans un but d'intérêt général.

L'impôt, acte de puissance publique

Dans toutes les langues le vocabulaire n'est que trop expressif : impôt, tax, tributo, belasting... l'impôt est un prélèvement obligatoire perçu par voie d'autorité. Cette autorité peut aller jusqu'à la contrainte. Ce caractère autoritaire de l'impôt, qui est l'un de ses éléments essentiels, n'est ni arbitraire ni sans limite.

D'abord, le pouvoir d'imposer est une compétence exclusive de l'autorité publique qui est instituée, le plus souvent, par les textes qui fondent le pouvoir d'Etat.

Ainsi, seul le législateur peut créer, modifier ou supprimer un impôt (art. 34 de la Constitution de 1958). Ce pouvoir n'appartient même pas, dans les Etats unitaires, aux assemblées représentatives des collectivités territoriales.

De plus, de nos jours, l'impôt est généralement assis et recouvré par une administration publique spécialisée qui constitue un organe essentiel de l'Etat.

Cependant, imposé à chaque contribuable, le prélèvement fiscal doit, du point de vue collectif et dans les Etats démocratiques, être consenti. Même si la réalité de ce consentement populaire à l'impôt est discuté, il demeure le fondement de nos démocraties représentatives.

On ajoutera que le caractère obligatoire de l'impôt qui le distingue du don volontaire et de l'échange économique libre, n'exclut pas des possibilités de négociation et d'option en cette matière (cf. notamment forfait et TVA).

L'impôt, prélèvement sur la propriété

L'impôt, par la voie d'un prélèvement de caractère généralement pécuniaire, opère un transfert de richesse d'un patrimoine à un autre.

L'impôt en nature, injuste et incommode, n'existe plus guère. Mais même perçu en espèces, sur des flux de revenus ou à l'occasion de prestations de services, l'impôt reste un prélèvement patrimonial, car il diminue, de façon définitive, la richesse globale de son débiteur. De ce point de vue, l'impôt se distingue de l'emprunt qui, même obligatoire, devra être un jour remboursé. La nature définitive du prélèvement fiscal n'exclut pas une possibilité de compensation financière par d'autres voies directes (redistribution) ou indirectes. Dans ce cas l'impôt peut être conçu comme un placement, plus ou moins risqué, selon la foi que le contribuable nourrit pour les institutions et la politique de son pays.

En principe, le transfert patrimonial opéré par l'impôt s'effectue des patrimoines privés vers le patrimoine de la collectivité publique qui bénéficie de l'imposition. L'impôt postule donc l'existence d'une propriété privée. De fait, dans les économies collectivistes, l'impôt strictement défini ne joue qu'un rôle mineur. Mais ce gain réalisé par les contribuables n'est obtenu qu'au prix d'une réduction de leur liberté. Ainsi se vérifie l'idée, remarquablememnt démontrée par G. Ardant, selon laquelle l'impôt, appliqué avec tact et mesure, est à la fois l'indice et le garant de la liberté.

Dans nos économies mixtes, les patrimoines des personnes publiques qui possèdent une autonomie financière effective par rapport aux collectivités publiques bénéficiaires de l'impôt, sont soumis à l'obligation fiscale afin, notamment, de ne pas fausser les conditions de la concurrence.

Même justifié dans son principe, le prélèvement fiscal deviendrait arbitraire et confiscatoire s'il n'était pas limité dans son montant et sa périodicité.

L'impôt doit donc être établi d'après les facultés contributives des contribuables. Mais cette capacité contributive étant difficile à définir et à mesurer, le législateur a fixé, dans certains pays, un plafond d'imposition globale.

L'impôt, prélèvement à finalité collective

L'impôt constitue la ressource des personnes publiques qui poursuivent un but d'intérêt général. Il ne peut donc avoir de contrepartie déterminée pour le contribuable. On touche là à l'essence même de l'impôt qui est une participation globale à un projet collectif.

L'impôt qui bénéficie à l'Etat ou aux collectivités territoriales, ne peut être perçu au profit des entreprises publiques car leur finalité n'est pas spécifiquement différente de celle des entreprises privées : fournir des biens et des services vendus aux conditions du marché.

L'impôt assure, en premier lieu, la couverture des charges publiques. De ce fait, en raison de l'extrême diversification du champ des interventions publiques dans la plupart des Etats modernes, l'impôt remplit déjà des finalités multiples. Mais il peut aussi être utilisé comme un instrument d'intervention économique et sociale. C'est dire que l'impôt est, par essence, multifonctionnel et qu'il n'a d'autres objectifs que ceux qui lui sont assignés dans le cadre de la politique fixée par les pouvoirs publics. Cela s'exprime parfaitement dans la règle de non-affectation des recettes aux dépenses qui préside à l'élaboration des budgets publics.

L'impôt ayant une finalité collective, il ne saurait avoir de contrepartie déterminée pour le contribuable qui le paie. Chaque fois qu'il existe une corrélation préalablement définie, et dûment calculée, entre la prestation du redevable et la valeur des services ou avantages que lui offrent les institutions publiques, l'on est en présence d'une taxe administrative ou d'une redevance, mais non d'un impôt. Cette distinction n'est pas toujours facile à effectuer cependant elle s'avère souvent nécessaire car elle touche à la nature même de l'impôt.

En définitive, il est possible de définir l'impôt de la façon suivante :

« L'impôt est une prestation pécuniaire, requise des contribuables d'après leurs facultés contributives et qui opère, par voie d'autorité, un transfert patrimonial définitif et sans contrepartie déterminée, en vue de la réalisation des objectifs fixés par la puissance publique. »

Lecture

— R. Hertzog, Rapport introductif au colloque, *Le juge fiscal*, Société française de droit fiscal, Strasbourg, 1986 (à paraître).

Cf. Administration fiscale, Consentement fiscal, Droit fiscal, Faculté contributive, Forfait, Parafiscalité, Politique fiscale, Prélèvements obligatoires, Pression fiscale, TVA, Taxes et redevances.

IMPÔTS LOCAUX

La fiscalité locale est paradoxale.

Les impôts locaux représentent seulement 12 % des prélèvements obligatoires et financent moins de 40 % des dépenses locales, cependant ils occupent une grande partie des effectifs de l'administration fiscale et provoquent l'essentiel du contentieux (2/3 des recours environ). Ces impôts sont les plus anciens de notre système fiscal, mais ils sont parmi les plus « performants » : depuis quinze ans ils augmentent plus vite que le produit intérieur brut et que les dépenses des administrations publiques locales. Enfin, contrairement à la fiscalité d'Etat, la fiscalité locale est constituée, pour environ 90% de son montant, d'impôts directs : les taxes foncières des propriétés bâties et on bâties, la taxe d'habitation et la taxe professionnelle.

Ces taxes sont communément appelées les « quatres vieilles ». Elles succèdent, en effet, aux contributions directes instituées par la Révolution comme impôts d'Etat et qui avaient été transférées aux collectivités locales lors de la réforme fiscale de 1914-17. Certes, les contributions de jadis sont désormais appelées taxes et leur base d'imposition — la valeur locative cadastrale — a été, non sans mal, révisée. Mais la fiscalité directe locale reste, aujourd'hui encore, l'expression de l'impôt physiocratique du XVIIIe siècle, de caractère indiciaire et assis sur la propriété immobilière.

Cela explique à quelles difficultés se heurte l'application des impôts locaux qui ne sont pourtant pas sans mérite. C'est une fiscalité dont le produit est facilement localisable ; de plus, elle maintient un lien étroit entre le montant de la charge fiscale et la gestion des affaires locales, enfin, elle se prête mal à la fraude. Mais les entreprises stigmatisent son caractère anti-économique car elle tient insuffisamment compte des conditions effectives d'exploitation, tandis que les ménages dénoncent son injustice du fait qu'elle ne prend pas en considération les revenus réels. Face à cette contestation croissante, les élus locaux se contentent d'agir sur les taux comme la loi les y autorise, tandis que l'Etat, qui déjà prélève l'impôt pour le compte des collectivités locales, est amené à prendre en charge une part de plus en plus importante des impôts locaux (16% environ).

Les réformes entreprises depuis le début de la Ve République (ordonnance du 7 janvier 1959), n'ont pas apporté de solution durable à ces problèmes qui ne font que s'aggraver. Il est vrai qu'elles n'ont pas, non plus, changé le visage de la fiscalité locale.

Ainsi, la base d'imposition des impôts locaux est toujours constituée par la *valeur locative cadastrale*. Seule la taxe professionnelle a une assiette nouvelle mixte qui repose aussi pour partie sur des données comptables.

« La valeur locative peut être définie comme le loyer théorique qu'un propriétaire devrait tirer de son bien s'il le louait aux conditions normales du marché » (J.-S. Klein).

C'est l'administration qui détermine cette valeur locative suivant les modalités fixées par la loi du 2 février 1968. Celles-ci varient en fonction de la nature du bien concerné. Pour les immeubles bâtis, l'évaluation est effectuée par comparaison avec des locaux de référence. Pour les immeubles commerciaux, industriels ou à usage de bureau elle est faite d'après le loyer. A défaut de loyer normal, elle peut être appréciée à partir notamment de la valeur vénale. Enfin, la valeur locative des parcelles non bâties est déterminée d'après un tarif établi dans chaque commune par nature de culture et de propriété.

Etablies au 1er janvier 1970, ces valeurs locatives devaient être actualisées tous les deux ans et révisées tous les six ans. En réalité, jusqu'ici seules des majorations forfaitaires annuelles ont été pratiquées. De ce fait les valeurs locatives cadastrales s'éloignent de plus en plus de la réalité.

Les *taxes foncières* des propriétés bâties et des propriétés non bâties reposent sur une base d'imposition qui ne prend en compte qu'une partie de la valeur locative cadastrale : 50 % pour les immeubles bâtis, 80 % pour les terrains nus. De plus, les exonérations sont nombreuses. Sont en particulier exemptés : propriétés publiques, les édifices du culte, les bâtiments ruraux affectés à un usage agricole. Des exonérations temporaires sont aussi accordées notamment pour les constructions nouvelles. La durée de ces exemptions est de 2 ans en principe, mais elle peut atteindre 35 ans pour les investissements immobiliers à usage locatif. De plus, en dépit du caractère réel de ces taxes, il existe des exonérations personnelles (personnes assistées, redevables âgés de plus de 75 ans et non passibles de l'impôt sur le revenu, agriculteurs ayant subi des sinistres).

Contrairement aux taxes foncières, la *taxe d'habitation* prend en compte la totalité de la valeur locative cadastrale. Cependant, la taxe d'habitation étant *personnalisée*, la base d'imposition de la taxe est réduite en fonction des charges de famille du contribuable. Est, en principe, redevable de la taxe d'habitation tout occupant d'un local meublé. Toutefois, les exonérations sont nombreuses : les personnes assistées ou invalides ainsi que les personnes veuves, ou âgées de plus de 60 ans, qui ne sont pas redevables de l'impôt sur le revenu.

La *taxe professionnelle*, instituée par la loi du 29 juillet 1975, remplace l'ancienne contribution des patentes à laquelle ont reprochait son archaïsme et son caractère inégalitaire. Ces défauts étaient d'ailleurs devenus plus sensibles avec l'augmentation de son rendement. En revanche, la patente constituait un bon impôt dans la mesure où elle reposait sur un faisceau d'indices (nombre d'employés, nature et lieu d'exercice de la profession, valeur locative des actifs) difficilement dissimulables qui lui assuraient un bon rendement tout en limitant la fraude.

La base d'imposition de la taxe professionnelle est constituée, d'une part, de la valeur locative des locaux et du matériel et, d'autre part, d'une fraction de la masse salariale ou des recettes annuelles. Ainsi, fondé à la fois sur des données indiciaires et comptables, le nouvel impôt aurait dû être à la fois efficace et bien réparti. Or il n'en fut rien. La réforme de 1975 entraîna des transferts de charge fiscale considérables. Plus d'un million de petits contribuables furent dégrévés pendant que d'autres voyaient leur impôt doubler, voire tripler. De plus, dans une période de chômage grandissant, l'imposition de la masse salariale apparut rapidement comme anti-économique. Au fil des ans les plafonnements de cotisations, les écrêtements de base d'imposition, les réductions d'impôt se sont succédé, faisant de la taxe un monstre informe, pratiquement inviable et qui pèse de plus en plus lourd sur le budget de l'Etat obligé de prendre en charge tous ces aménagements qui représentent le quart du produit de la taxe. Celle-ci, due par toute personne physique ou morale qui exerce à titre habituel une activité professionnelle non salariée, porte désormais sur un nombre de plus en plus réduit de redevables (1 % des contribuables acquittent plus de la moitié des recettes totales tirées de cet impôt).

La réforme en profondeur de cette imposition s'impose, mais quel gouvernement la fera et comment ? La taxe professionnelle représente la moitié des impôts locaux et le quart des ressources totales des collectivités locales. La remplacer par une majoration de la TVA (2 points environ sur tous les taux) n'est satisfaisant, ni du point de vue économique, en raison des risques d'inflation, ni du point de vue politique, les collectivités se voyant ainsi privées de toute influence sur une part importante de leurs recettes.

Certains n'envisagent cette réforme que dans le cadre d'un réexamen complet de la fiscalité locale. Il s'agirait, par exemple, de transférer aux collectivités locales l'essentiel de l'impôt sur le revenu qui actuellement rapporte à lui seul autant que tous les impôts locaux. En compensation de cette perte de recettes l'Etat recevrait le produit de la taxe professionnelle et de la taxe d'habitation « afin d'organiser à terme l'extinction de ces impôts » (P. F. Racine). En outre, l'Etat supprimerait la *dotation globale de fonctionnement*, reversement de TVA qui constitue le substitut de la fiscalité locale indirecte disparue pratiquement avec la suppression, en 1968, de la taxe locale sur le chiffre d'affaires. Quant aux taxes foncières, elles conserveraient leur caractère d'impôts locaux.

A travers une réforme de cette ampleur c'est non seulement la répartition de la charge fiscale nationale qui est remise en cause, mais aussi l'équilibre du pouvoir politique. On comprend qu'elle suscite plus d'hésitation que d'enthousiasme.

Lecture
— D. Barroy et E. Demay, *La taxe professionnelle*, Revue Française de Finances Publiques, 1985, n° 9.
— J.-S. Klein, *L'explosion des impôts locaux*, Notes et Etudes documentaires, n° 4802, Documentation Française, Paris, 1986.
— P. F. Racine, *Pour une réforme de la fiscalité locale*, Commentaire, n° 35, Julliard, Paris, 1986.
— Revue Française de Finances Publiques, « *Finances communales et décentralisation* », n° 13, LGDJ, Paris, 1986.

Cf. Capital, Emploi, Investissement.

IMPÔT SUR LE REVENU

L'impôt sur le revenu est un impôt unitaire qui frappe l'ensemble des revenus des contribuables à un taux fortement progressif, mais suivant des modalités qui permettent une large personnalisation de l'imposition.

Apparu en Angleterre au XIXe siècle, l'impôt sur le revenu s'est rapidement répandu dans les pays industrialisés. Avant 1914, il avait gagné les Etats-Unis, le Japon et l'Allemagne, après la Première guerre mondiale il s'étendit au reste de l'Europe. Depuis les années cinquante, le mimétisme fiscal jouant, il est adopté dans la plupart des pays en voie de développement.

L'impôt sur le revenu que nous connaissons actuellement est très différent de celui institué à l'origine. Historiquement, l'impôt sur le revenu apparaît sous la forme d'un *impôt cédulaire*, c'est-à-dire d'une taxe qui porte séparément sur chaque catégorie — ou cédule — de revenu. L'imposition cédulaire permet d'adapter les modalités de la taxation à la nature du revenu. Les revenus difficiles à évaluer peuvent ainsi faire l'objet d'une imposition forfaitaire, tandis que ceux plus facilement contrôlables sont déclarés par le contribuable. De même les taux d'imposition pourront varier d'une cédule à l'autre. Ainsi, les revenus du travail (« revenus gagnés ») étaient en principe taxés moins lourdement que les revenus du capital (« revenus fondés ou non-gagnés »). Cependant, l'impôt cédulaire se prête mal aux discriminations qu'implique la personnalisation de l'impôt. La progressivité, en particulier, lui est pratiquement inapplicable car « elle conduirait à taxer de façon différente des individus jouissant au total des mêmes revenus, selon qu'ils percevraient des revenus de source différente ou de même nature » (G. Ardant). Si bien qu'à son origine, l'impôt cédulaire sur le revenu était conçu, dans l'esprit de la fiscalité foncière du XIXe siècle, comme une imposition minimale et générale de caractère essentiellement réel.

J. Caillaux, qui fut le promoteur de l'impôt sur le revenu en France, « voulut concilier la productivité de l'impôt réel avec la justice de l'impôt personnel ». C'est pourquoi l'impôt sur le revenu, établi en 1914-1917, était un système d'*imposition mixte* dans lequel, à des impôts de type cédulaire frappant séparément chaque catégorie de revenu, se superposait un impôt unitaire progressif assis sur le revenu global des contribuables.

Cette construction relativement complexe, mais qui aurait pu être harmonieuse, s'acclimata mal dans notre pays durant l'entre-deux-guerres. La stagnation économique, le refus du changement, le jeu des groupes de pression, aboutirent à une multiplication des inégalités de droit et de fait. Ainsi, alors que dans certaines cédules l'assiette de l'impôt s'élargissait (bénéfices industriels et commerciaux évalués suivant la théorie du bilan), dans d'autres elle devenait quasiment inexistante (revenus agricoles et bénéfices non commerciaux). De plus, les exonérations, accordées par un Parlement souvent démagogue, se mirent à foisonner, si bien que le rendement de l'impôt ne put être assuré que par une majoration incessante des taux. Ceux-ci, lourds pour les bénéfices industriels et commerciaux (24 %) et pour les produits de valeurs mobilières (30 %), atteignirent même des seuils confiscatoires dans l'impôt général sur le revenu où le taux marginal passa de 1918 à 1948 de 10 à 70 %.

La réforme de 1948 posa le principe de l'unification de l'impôt sur le revenu qui ne devint réalité qu'avec la loi du 29 décembre 1959 et la suppression en 1970 de la taxe complémentaire.

Désormais, l'imposition du revenu est *unitaire*, tous les revenus, quelle qu'en soit l'origine, sont taxés suivant le même barème : « A revenu égal, impôt égal ». Certes les *catégories de revenus* subsistent (bénéfices, salaires, revenus mobiliers, fonciers, etc.) et les modalités d'évaluation varient suivant ces catégories car en réalité il n'y a pas un revenu, mais des revenus qu'il serait inéquitable, voire impossible, de déterminer de façon identique. Cependant, aujourd'hui, avec le rétrécissement du champ d'application du forfait, l'extension de la réfaction de 20 % réservée jadis aux salaires, l'unification est quasiment totale et elle semble acceptée par les contribuables qui bénéficiaient de discriminations.

Des privilèges fiscaux existent encore pour certains types de revenus ou de professions, l'inégalité dans la connaissance des revenus est réelle aussi, mais cela ne semble pas suffisant pour menacer l'existence d'un impôt dont le rendement, depuis quinze ans, augmente plus vite que le produit intérieur brut et qui, après la TVA, constitue la seconde source de recettes de l'Etat français (environ 6 % du PIB, contre 9 % pour la TVA et à peine 2 % pour l'impôt sur les sociétés) (sources OCDE).

La *remise en cause de l'impôt sur le revenu*, qui ne date pas d'hier, est devenue un thème favori des libéraux. La complexité de l'impôt, son caractère inégalitaire et anti-économique sont le plus souvent dénoncés. Ces critiques ne sont pas sans fondement, mais elles ne sont pas spécifiques à l'impôt sur le revenu, ni même à la fiscalité.

Si l'impôt sur le revenu est complexe c'est, d'une part, parce qu'il doit être extrêmement diversifié pour s'appliquer de manière plus équitable dans une société elle-même complexe ; c'est d'autre part, en raison de son utilisation comme instrument de direction et d'intervention économique et sociale. Peut-on, de nos jours, ressusciter l'impôt sur les portes et fenêtres, alors que les quelques impôts indiciaires qui subsistent dans notre système fiscal sont si vivement contestés ? Conçoit-on, en outre, un gouvernement qui se priverait d'un instrument d'application de sa politique, même si cela doit lui coûter bien plus qu'une exonération fiscale ?

L'impôt sur le revenu est inégalitaire puisque seuls (sic) 15 millions de ménages sur 24 millions y sont assujettis et que son poids est très concentré : 10 % environ de contribuables acquittent 64 % de l'impôt et 1 % seulement d'entre eux en payent 30 % ! En outre, entre les revenus déclarés par les tiers (salaires, honoraires des professions médicales conventionnées, produits mobiliers) et ceux qui ne le sont pas, la connaissance des revenus est très différente. Mais si l'impôt frappe principalement les revenus déclarés moyens et élevés, il apparaît, à certains égards, comme « le correctif des autres prélèvements obligatoires, et notamment des prélèvements sociaux qui, supportés par presque tous les ménages... revêtent un caractère proportionnel ou même, dans certains cas, dégressif ». (Conseil des impôts, 1985).

Enfin, l'impôt sur le revenu découragerait l'effort, supprimerait le goût du risque et conduirait à la stagnation économique. Outre qu'il est difficile de déterminer l'incidence d'un impôt, ces effets, quand ils seraient prouvés, ne sont pas propres à l'impôt sur le revenu. En remplaçant celui-ci on risquerait de les retrouver. Reste alors, comme certains en rêvent, à supprimer tout impôt. Il s'agit là de créer une autre société dans laquelle il est à craindre que le rêve de certains ne se transforme en cauchemar pour tous.

Lecture

— P. Beltrame, *L'apparition de l'impôt sur les sociétés et l'unification de l'impôt sur le revenu* , in « Histoire du droit des finances publiques », vol. II, Economica, Paris, 1987.

— Conseil des impôts, « *Ier, IIe, IVe et VIIe rapports, relatifs à l'impôt sur le revenu* », Imprimerie nationale, Paris.

— M. Jobert, *Fiscalité et progrès, supprimer l'impôt sur le revenu*, Pouvoirs, 1982, n° 23.

— J.-B. Martin, *Imposition cédulaire et imposition unitaire du revenu*, Revue de science financière, 1956.

Cf. Assiette, Avoir fiscal, Bénéfices agricoles, Bénéfices industriels et commerciaux, Classifications fiscales, Epargne, Plus-values, Politique fiscale, Pression fiscale, Réformes fiscales, Revenu imposable, Revenus foncires, Salaires, Systèmes fiscaux.

IMPÔT SUR LES SOCIÉTÉS

L'impôt sur les sociétés est apparu plus tardivement que l'impôt sur le revenu des personnes physiques. Créé en 1920 aux Etats-Unis et en Allemagne, il n'est institué qu'après la seconde guerre mondiale dans la plupart des pays européens.

La légitimité d'une imposition séparée des personnes morales a été contestée par la doctrine. On a fait remarquer, en effet, que l'obligation fiscale est une obligation personnelle qui ne peut être imposée qu'au contribuable-citoyen. Or la personne morale, abstraction juridique, ne bénéficie pas de la citoyenneté. De plus, les impôts sont toujours payés par les individus. Il s'avère donc illusoire de vouloir imposer l'entreprise qui répercutera l'impôt sur les contribuables réels (employés, clients, propriétaires).

L'idée de lier l'impôt à la citoyenneté est une idée du XIXe qui fait référence au vote censitaire. Désormais la signification politique de l'imposition s'efface devant sa portée économique qui implique une taxation plus large dans laquelle l'impôt porte sur des données comptables globales (le revenu, la valeur ajoutée), objectivement évaluées sans référence a priori à une situation personnelle. De plus, si le phénomène de la répercussion et de la diffusion de l'impôt est incontestable, il n'est pas spécifique à l'impôt sur les sociétés. La personnalisation de l'impôt sur le revenu ne l'atténue que faiblement, quand elle ne l'exacerbe pas (cf. la répercussion de l'imposition des plus-values immobilières). La taxation séparée des personnes morales n'est donc pas en principe plus illusoire ou plus arbitraire que celles des personnes physiques.

Au contraire même, l'imbrication des intérêts publics et privés et la socialisation des risques qui en résulte font, qu'en définitive, les profits des sociétés peuvent, pour une part, être regardés comme provenant de l'action de la collectivité tout entière. Le prélèvement direct par l'Etat d'une fraction des bénéfices réalisés par les sociétés se trouve ainsi politiquement légitimé.

L'impôt sur les sociétés qui est un impôt sur les personnes morales, s'applique essentiellement aux *sociétés de capitaux*. En effet, l'autonomie institutionnelle et de gestion dont elles disposent à l'égard de leurs membres leur confère une capacité contributive propre. Ces sociétés possèdent ainsi un capital propre, juridiquement distinct du patrimoine des associés, ce qui permet l'application du prélèvement fiscal qui opère toujours un transfert patrimonial. De plus, l'institution d'un impôt sur les sociétés permet de ne taxer les actionnaires à l'impôt personnel sur le revenu que sur la part du profit qui leur est distribué. Alors qu'en l'absence d'impôt sur les sociétés, ils seraient taxés sur leurs revenus au prorata du capital détenu par chacun d'eux, ceci défavoriserait la foule des actionnaires anonymes qui ne prend pas effectivement part à la décision d'affectation des bénéfices sociaux.

Le principal inconvénient de la soumission des sociétés à une imposition propre est le cumul d'impôts qui pèse sur les bénéfices distribués. Mais celui-ci est en général atténué, voire supprimé.

L'application de l'impôt sur les sociétés, et notamment le calcul du bénéfice imposable, ne pose pas de problèmes spécifiques.

Le paiement de l'impôt est, en règle générale, effectué sans émission préalable d'un avis d'imposition, après que la société ait liquidé elle-même l'impôt.

Le taux d'imposition, ou plutôt les taux, car le tarif de l'impôt comporte souvent des taux réduits ou majorés, sont généralement proportionnels. En France, le taux normal est de 45 %, les taux réduits applicables aux plus-values à long terme de 15 et 25 %, tandis qu'un taux spécial de 24 % frappe certaines activités non commerciales des organismes sans but lucratif (associations, fondations).

Comme l'impôt sur le revenu, l'impôt sur les sociétés bénéficie de la décrue des taux amorcée dans les pays industrialisés. Cependant, même lorsqu'ils restent élevés, les taux d'impôt sur les sociétés ne doivent pas faire illusion. Le taux légal s'applique souvent en pratique sur une assiette largement sous-évaluée. De plus, près de 40 % des sociétés sont fiscalement déficitaires dans les pays industrialisés. Ce déficit systématique s'explique par la politique d'autofinancement intensive dans les grandes entreprises et par la distribution des profits sous forme de rémunérations dans les petites entreprises.

Il faut espérer que la diminution des taux qui s'amorce s'assortira d'un aménagement de l'assiette de l'impôt afin que la sincérité fiscale y gagne.

Lecture

— Revue Française de Finances Publiques, « *L'entreprise et l'impôt* », n° 9, LGDJ, Paris, 1985.

— P. Salin, *L'arbitraire fiscal*, R. Laffont, Paris, 1986.

Cf. Amortissement, Avoir fiscal, Bénéfice d'exploitation, Bénéfice imposable, Déficit, Provisions fiscales, Répercussion de l'impôt.

INFLATION

L'inflation telle qu'elle a sévi jusqu'à ces dernières années dans la plupart des pays industrialisés, altère le fonctionnement des systèmes fiscaux. Mais l'impôt peut, à son tour agir sur l'inflation. C'est cette interaction entre l'impôt et l'inflation qui mérite examen.

L'inflation, qui favorise le débiteur par rapport au créancier, devrait bénéficier aux contribuables. Il est vrai qu'en période inflationniste le poids des impôts à taux spécifique (droits sur les alcools, les tabacs) tend à diminuer en l'absence de révision fréquente des tarifs et que les bases d'imposition établies forfaitairement pour plusieurs années (valeurs locatives, par exemple) se déprécient. De plus, tout paiement différé de l'impôt profite aux redevables qui paieront en monnaie dévaluée, ce qui peut les inciter d'ailleurs à intenter des recours contentieux.

Mais le plus souvent, le jeu mécanique de l'inflation, qui accroît les revenus nominaux des contribuables, aboutit à majorer la charge fiscale réelle qu'ils supportent. C'est ce qu'on a appelé la « *progression à froid* » de l'impôt. Ainsi en l'absence d'une révision des barèmes, la progressivité de l'impôt sur le revenu s'accroît considérablement et le nombre des nouveaux contribuables augmente. En quinze ans, entre 1962 et 1978, le nombre des assujettis à l'impôt sur le revenu a doublé en France passant de 7 à 14 millions. En outre, les abattements et les seuils d'imposition fixés en valeur absolue perdent rapidement leur signification du fait de l'inflation, ce qui rend plus sévère l'imposition de nombreux contribuables. Par exemple, l'absence de révision des seuils d'application des régimes forfaitaires en France a considérablement réduit le nombre de bénéficiaires de ces régimes d'imposition relativement favorables aux contribuables.

Pour les entreprises, les effets fiscaux de l'inflation ne sont pas moins fâcheux. Des plus-values de cession purement nominales apparaissent, le renouvellement des stocks indispensables tend à majorer le bénéfice d'exploitation, les amortissements deviennent insuffisants pour remplacer le matériel.

Certes, la législation fiscale peut tenter de pallier ces inconvénients. L'indexation des barèmes d'impôt est possible. Mais cette politique, qui s'avère coûteuse pour le Trésor public, tend à perpétuer l'inflation. De plus, elle complique la gestion du système fiscal comme toutes les autres mesures (amortissements dégressifs, provisions pour hausse des prix, révision des bilans) qui visent à remédier aux distorsions fiscales provoquées par l'inflation.

En revanche, l'impôt devrait être *un moyen de lutte contre l'inflation*. En effet, dans la mesure où il opère une ponction monétaire l'impôt est en principe déflationniste. Cependant, au-delà des effets automatiques de l'imposition, il faut tenir compte des phénomènes psychologiques car l'inflation découle en grande partie, des comportements des groupes sociaux. Ainsi, une hausse des impôts sur la dépense peut se révéler très inflationniste dans la mesure où elle sera répercutée, quelque fois au-délà de son montant, dans les prix ; cette augmentation des prix provoquant, à son tour, une psychose de hausse chez les consommateurs. En outre, même une majoration de l'impôt sur le revenu, qui par nature n'est pas inflationniste, peut s'avérer être une cause indirecte de majoration des prix dans la mesure où les salariés réclameront une hausse compensatoire de leurs rémunérations.

Cependant, en 1975 il a été établi en France un impôt destiné spécialement à lutter contre l'inflation : *le prélèvement conjoncturel*. Cc prélèvement, d'ailleurs remboursable, visait à retirer du circuit économique les augmentations spéculatives de la marge bénéficiaire des entreprises. Les sommes ainsi prélevées étaient bloquées dans un compte ouvert dans les écritures de la Banque de France, pour être remboursées aux entreprises lorsque la conjoncture le permettrait. D'application complexe, le prélèvement conjoncturel a été rapidement supprimé, non sans avoir suscité une nuée d'études et de commentaires.

Finalement, depuis quelques années l'inflation s'est calmée sans que la structure fiscale de la plupart des pays industrialisés ait été profondément modifiée. C'est dire que si les effets de l'inflation sur l'impôt sont évidents, ceux de l'impôt sur l'inflation sont beaucoup plus aléatoires.

Lecture

— Cahiers de droit fiscal international, « *L'inflation et la fiscalité* », IFA, Congrès de Vienne, Kluwer, Pays-Bas, 1977.

— J. Schmidt, *Inflation et impôt,* Mélanges P.-M. Gaudemet, Economica, Paris, 1986.

Cf. Bénéfice d'exploitation, Impôt sur le revenu, Impôt sur les sociétés, Plus-values, Provisions fiscales, Recouvrement.

INSPECTEUR DES IMPOTS

Ayant pour tâche d'asseoir l'impôt et d'en contrôler l'application, l'inspecteur des impôts est la cheville ouvrière de l'administration fiscale.

Chargé de mettre en œuvre dans les milieux les plus variés, dans les circonstances souvent peu propices, les termes toujours rébarbatifs et parfois hermétiques de la loi fiscale, l'inspecteur des impôts est avant tout « un médiateur entre le législateur, l'administration et le contribuable » (R. Brette).

Recruté par concours, l'inspecteur-élève reçoit une solide formation à l'Ecole nationale des impôts de Clermont-Ferrand. L'enseignement, à dominante pratique, est orienté vers le contrôle fiscal des entreprises. Depuis peu, une initiation à l'informatique et l'esquisse d'une psychologie des comportements font partie des matières enseignées.

Mais le comportement des agents de l'administration ne dépend pas seulement de la formation reçue, il est fonction aussi des relations hiérarchiques au sein du service et des méthodes de contrôle mises en œuvre. Ainsi le recours à des indices de rendement moyen, voire à des primes proportionnelles au montant des redressements, peuvent inciter les agents à des comportements vétilleux, plus irritants que réellement efficaces. Quant au contrôle, mieux vaut éviter de lui conférer une allure justicière qui risque de faire réapparaître le spectre de l'inquisition fiscale. On se souvient, par exemple, des vérificateurs polyvalents qui furent accusés de tous les maux de la fiscalité dans les années cinquante et dont les agissements furent dénoncés avant même qu'ils aient commencé à exercer.

Particulièrement bien placé pour mesurer l'écart existant entre le spectacle politique, les artifices juridiques et la réalité sociale, l'inspecteur des impôts doit résister tant au découragement qu'à l'exaltation de sa mission. Ni pandore ni shérif, il exerce un métier difficile que l'éducation du contribuable pourrait rendre plus aisé.

Lecture
— Revue Française de Finances Publiques, « *L'administration fiscale* », n° 15, LGDJ, Paris, 1986.
— J. Dubergé, *La psychologie sociale de l'impôt,* LGDJ, Paris, (à paraître)

Cf. Administration fiscale, Contribuable, Sociologie fiscale.

INTERVENTIONNISME FISCAL

L'interventionnisme fiscal est le fait d'utiliser l'impôt dans un but autre que celui de procurer des recettes. Généralement il vise à agir sur les structures économiques ou sur les comportements sociaux par le biais d'incitations ou, plus rarement, de pénalisations fiscales. L'interventionnisme déroge donc au principe de neutralité fiscale, cher aux financiers classiques, selon lequel l'impôt doit modifier le moins possible le milieu dans lequel il s'applique. Mais il ne se confond pas avec le réformisme fiscal qui tend à la redistribution des revenus et à la réforme sociale.

L'interventionnisme fiscal est donc essentiellement un instrument de direction socio-économique. Or, comme le constatait pertinemment Maurice Lauré, l'impôt est un bistouri avec lequel on ne dirige pas, mais on tranche. C'est dire que cette politique d'incitation fiscale doit être soumise à un examen critique du type de l'analyse coûts-avantages afin d'apprécier son efficacité. Quant à son champ d'application, qui va de l'investissement à l'emploi et de l'épargne à l'aide aux familles, il est examiné par ailleurs sous les différentes rubriques concernées.

L'évaluation du *coût de l'interventionnisme fiscal* a conduit à l'élaboration d'un concept nouveau : celui de « *dépenses fiscales* ». Sous ce terme paradoxal, on désigne les mesures fiscales à caractère dérogatoire qui ont pour conséquence de diminuer les recettes d'impôt. En effet, ces dérogations qui minorent les ressources fiscales, ont une incidence financière analogue à celles des dépenses budgétaires et il convient d'en évaluer le coût.

Cependant, *la notion de dépenses fiscales* est difficile à cerner. Elle se définit par rapport au caractère dérogatoire de certaines mesures, ce qui implique la formulation de normes de références applicables à une législation donnée. Or les normes qui constituent le droit commun de l'impôt se modifient au gré de l'évolution de la législation fiscale. Ainsi en France, avant 1965, la double imposition économique des bénéfices distribués pouvait être regardée comme la norme, tandis que depuis l'institution de l'avoir fiscal, la normalité c'est l'absence de double imposition. De plus, l'étendue de la mesure dérogatoire joue un rôle dans la fixation de la norme. Toute dérogation qui se généralise tend à devenir elle-même la norme. Les allégements de toutes sortes qui intéressent la taxe professionnelle constituent des éléments structurels de l'imposition concernée et ne peuvent être assimilés à des privilèges fiscaux, générateurs de dépenses fiscales.

L'évaluation des dépenses fiscales n'est pas non plus très facile. Outre la diversité et le caractère aléatoire des sources documentaires et des hypothèses formulées qui peuvent conduire à des écarts d'évaluation sensibles, les chiffres fournis n'ont qu'une portée limitée. En effet, seul le coût direct des allégements est évalué. Or, l'exonération fiscale a souvent, au moins les premiers temps de son institution, une incidence économique ou sociale dont il serait souhaitable de chiffrer l'impact. Enfin en l'absence d'évaluation de l'effet des différentes mesures et du résultat de leur combinaison, la totalisation du coût des diverses catégories de dépenses fiscales, s'avère peu significative. L'évolution de ces dépenses est retracée, chaque année, en annexe de la loi de finances. En dépit de ces réserves, l'analyse des dépenses fiscales, menée avec prudence et objectivité, conduit à s'interroger utilement sur l'efficacité des politiques d'incitation fiscale.

En l'absence de travaux suffisamment nombreux, il est difficile d'apprécier précisément *l'efficacité de l'interventionnisme fiscal.*

En faveur des encouragements fiscaux, on relève leur fort pouvoir incitateur et leur souplesse d'utilisation. L'aversion des contribuables vis-à-vis de l'impôt rend généralement l'exonération fiscale plus incitatrice qu'une subvention de même montant. D'autant que l'avantage fiscal sauvegarde mieux la liberté d'action et la responsabilité du bénéficiaire que l'aide financière directe qui risque toujours de déboucher sur l'assistance. En outre, la discrétion des encouragements fiscaux et la relative simplicité de leur mise en œuvre facilitent leur acceptation tant par les parlementaires que par l'opinion publique.

En revanche, le pouvoir incitatif des mesures fiscales, même s'il est réel, s'émousse rapidement. Les avantages fiscaux se transforment vite en droits acquis. Ils perdent alors leur vertu incitative et, devenus inutiles, ils tendent à se pérenniser. De plus, s'ils sauvegardent la liberté individuelle, les encouragements fiscaux portent souvent atteinte à l'équité. Ils bénéficient plus largement, en raison de la progressivité, aux contribuables dont les revenus sont les plus élevés ; ils facilitent les échappatoires fiscales du fait de la complexité qu'ils introduisent dans les régimes d'imposition ; enfin, ils favorisent les risques d'arbitraire administratif.

Autant dire que l'interventionnisme fiscal restera longtemps encore l'objet de controverses. D'usage techniquement trop facile et politiquement trop tentant, les incitations fiscales ne sont pas appelées à disparaître. Il faut cependant éviter qu'elles ne se multiplient, car elles risquent alors de perturber le bon fonctionnement du système fiscal tout entier.

Lecture
— Cahiers de droit fiscal international, IFA Kluwer, Pays Bas, 1976 : « *Les encouragements fiscaux utilisés comme instruments de politique des pouvoirs publics* ».
— Conseil des impôts, *IVᵉ Rapport*, J.O. Paris, 1979.
— P.-M. Gaudemet : *Un mode d'intervention économique : les dépenses fiscales*, Mélanges Péquignot, CERAM, Montpellier 1984.
— M. Lauré, *Traité de politique fiscale*, PUF, Paris, 1957.
— Notes bleues, *Les dépenses fiscales*, n° 236, juillet 1985.

Cf. Développement économique, Emploi, Epargne, Famille, Investissement, Politique fiscale.

INVESTISSEMENT

Toute acquisition de bien durable n'est pas un investissement au sens économique. L'investissement implique l'augmentation du capital productif. Conçu comme l'instrument d'un gain futur et l'enrichissement de la collectivité tout entière, l'investissement est une préoccupation majeure des pouvoirs publics qui peuvent influer sur lui, notamment par la politique du crédit et la fiscalité.

L'aide fiscale à l'investissement est discutable dans son principe.

En effet, ce n'est pas à l'Etat de dicter aux entreprises le choix de leurs investissements. Ceux-ci doivent être décidés pour des motifs de rentabilité économique, et non pour profiter d'allégements fiscaux. De plus, l'efficacité de l'aide fiscale aux investissements est douteuse. Elle risque de provoquer dans certains cas un surinvestissement et dans d'autres une simple anticipation des programmes d'investissement. En toute hypothèse ce « coup de fouet » donné à l'économie coûte cher au Trésor public et il est susceptible d'entraîner un déséquilibre de la balance commerciale si la production nationale n'est pas en mesure de faire face immédiatement à une demande accrue de biens d'équipement.

En dépit de ces réserves, l'*aide fiscale à l'investissement est largement pratiquée* dans tous les pays.

Elle prend généralement la forme d'une réduction de l'impôt, sur le revenu ou sur les sociétés, qui frappe les bénéfices des entreprises. Ainsi le *crédit d'investissement*, apparu aux Etats-Unis, s'est répandu, sous des formes diverses, en Europe. Il consiste à accorder à l'investisseur un crédit d'impôt proportionnel au montant des sommes investies au cour d'une certaine période. Ce crédit d'impôt vient en diminution de l'impôt sur les bénéfices. En Suède et au Danemark, le *fonds de réserve pour investissements*, permet de constituer chaque année, en franchise d'impôt, une réserve destinée à l'acquisition d'immobilisations. L'octroi d'amortissements majorés (amortissements dégressifs, amortissements accélérés), provisions spéciales ou d'une exonération des plus-values d'actifs constituent aussi des aides indirectes non négligeables à l'investissement.

En matière d'impôt sur la dépense, l'investissement peut être favorisé soit par exemption, soit par détaxation dans les pays dotés de la TVA. En effet, la TVA qui grève un investissement est généralement déductible, pour sa totalité, lors de son acquisition. Ceci représente une réelle incitation fiscale à investir dans la mesure où, en bonne logique économique, la déduction ne devrait s'opérer qu'en fonction de la valeur ajoutée créée par l'investissement, c'est-à-dire au rythme des amortissements.

Enfin, l'investissement peut échapper partiellement à l'impôt sur le capital, notamment par l'atténuation des droits de mutation. De ce point de vue, notre système fiscal, dans lequel les régimes particuliers se sont multipliés, devrait, selon le conseil des impôts, faire l'objet d'une « modernisation résolue ».

Ces diverses incitations sont souvent combinées. Elles peuvent même être augmentées dans certaines parties du territoire (exonération de taxe professionnelle) en vue d'attirer les entreprises et de créer des pôles de croissance (*zones d'entreprises*). L'aide fiscale à l'investissement prend aussi la forme d'encouragement à la création d'entreprises. C'est une politique qui se développe actuellement en France sans qu'il soit possible de savoir encore si elle porte ses fruits.

Dans les *pays en voie de développement* les incitations fiscales à l'investissement sont également très nombreuses. Elles avantagent surtout l'investissement étranger afin de pallier l'insuffisance des capitaux nationaux et d'attirer la technologie des pays industrialisés considérée comme un facteur déterminant du développement.

Ces faveurs fiscales, du même type que celles octroyées dans les pays industrialisés, sont généralement soumises à agrément et sont garanties pendant une longue durée (10 à 25 ans) par des « *codes d'investissement* ».

Lecture

— A. Gubian et autres, *Fiscalité des entreprises et décision d'investissement*, Observations et diagnostics économiques, Revue de l'OCDE, n° 16, 1986.
— P. Fontaneau, *Fiscalité et investissements,* PUF, Paris, 1972.
— Revue Française de Finances Publiques, « *L'entreprise et l'impôt* », n° 9, LGDJ, Paris, 1985.

Cf. Capital, Développement économique, Epargne, Interventionnisme fiscal, Politique fiscale.

KALDOR, Lord Nicholas (1908-1986)

Né dans cet empire austro-hongrois qui fut, au début du siècle, le berceau de la modernité, Nicholas Kaldor commença à enseigner à la « London School of Economics » dès 1932. En 1949, acquis aux idées de J.-M. Keynes il est nommé à l'université de Cambridge où il conçut l'essentiel de son œuvre et s'imposa, avec Joan Robinson et Piero Sraffa, comme un des représentants majeurs de l'école postkeynésienne.

Ce Hongrois de naissance était un parfait britannique. Comment s'étonner alors s'il manifesta un certain goût pour l'excentricité et le paradoxe ? Formé dans la stricte orthodoxie de l'école marginaliste, il deviendra un brillant keynésien. Jouissant d'une confortable fortune, il ne cessera de combattre l'inégalité des revenus. Théoricien inventif, il n'hésitera pas à affronter la pratique : consultant de nombreux gouvernements des pays du Tiers monde, il fut, surtout, le conseiller du Chancelier de l'Echiquier des cabinets travaillistes durant les années 1964-1968 et 1974-1976. Enfin, ce tenant d'une théorie qui prône la consommation et entend stimuler l'emploi fut le promoteur de deux impôts dont l'un incite à l'épargne (Expenditure Tax) et l'autre pénalise l'emploi (Selective Employement Tax).

Si l'institution de la « *Selective Employement Tax* », en 1966, s'explique par la pénurie de main-d'œuvre qui sévissait à cette époque en Grande-Bretagne dans le secteur de l'industrie, il est plus difficile de situer dans une perspective keynésienne « *An Expenditure Tax* » (1955). Cette première formulation théorique approfondie de l'impôt généralisée et progressif sur la dépense, devenue depuis le cheval de bataille de nos libéraux, a trouvé sa source non dans les excès, mais dans les insuffisances de l'imposition des revenus. A causes différentes, mêmes effets. C'est en voulant taxer plus lourdement les riches que N. Kaldor en vint à proposer un impôt dont l'assiette serait plus large que celle de l'impôt sur le revenu de l'époque, qui excluait notamment les gains en capital, et dont la progressivité, même accentuée, ne gênerait pas l'économie. Dans les années qui suivirent la publication de son ouvrage, la croissance rapide de la consommation populaire, l'élargissement de l'assiette de l'impôt sur le revenu, la généralisation de l'imposition de la dépense sous forme d'une TVA économiquement neutre rendirent sans objet, tout au moins dans le monde industrialisé, son projet. C'est pour cela qu'il essaya de l'introduire dans les pays sous développés où la consommation restait l'apanage des riches et dans lesquels l'impôt sur le revenu et sur la dépense étaient encore rudimentaires et fortement inégalitaires. L'Inde l'appliqua, mais son expérience demeura sans lendemains.

Intelligent, généreux mais peu réaliste, Nicholas Kaldor avait compté sans le carcan de la routine, la pesanteur de l'ignorance et l'égoïsme des possédants.

Lecture

— N. Kaldor, *Collected Economic Essays*, 8 volumes, Duckworth, London, 1960-1979 (œuvres complètes avec notamment, dans les deux derniers volumes ses nombreux rapports sur l'imposition).

— L.-L. Pasinetti, *Nicholas Kaldor*, in « Encyclopedia for Social Science », vol. IX.

Cf. Dépense, Emploi, Réforme fiscale.

LAURÉ, Maurice

Ce polytechnicien, docteur en droit et inspecteur général des finances, n'a passé qu'une dizaine d'années dans l'administration fiscale où il fut directeur adjoint à la Direction générale des impôts. Dès 1955, il entame une carrière de banquier qui le conduira à la Présidence de la Société Générale (1973-1982) qu'il n'a quittée que pour prendre sa retraite.

Cependant, Maurice Lauré a marqué l'histoire de l'impôt. Tout d'abord, il est le promoteur de la taxe sur la valeur ajoutée (TVA) : « la plus grande innovation fiscale du XXe siècle » (G. Egret). Dans un opuscule de 130 pages, publié chez Sirey, en 1953, Maurice Lauré, Professeur à l'Ecole Nationale d'Administration, propose le fondement d'une critique technique et économique de la taxe à la production, « l'institution de la taxe unique sur la valeur ajoutée... étape indispensable dans la voie du perfectionnement du système français de taxes sur le chiffre d'affaires ». Rarement, en matière fiscale, un ouvrage de doctrine eut une aussi grande influence. L'année suivante, la TVA voit le jour en France. Elle est maintenant en vigueur dans une trentaine de pays.

Mais Maurice Lauré ne s'est pas contenté d'être un technicien — hors pair — de la fiscalité, il en est aussi l'un des penseurs les plus lucides et les plus profonds. Son « Traité de politique fiscale », publié en 1956 aux PUF, et malheureusement jamais réédité, constitue un classique de la science de l'impôt. Cette science de superposition qui s'édifie à partir des résultats apportés par les autres sciences de l'homme, doit beaucoup à ce théoricien sans a priori, à ce praticien aux vues larges, qui n'ignore pas que l'art de gouverner ne va pas sans celui d'imposer.

Lecture

— Outre les ouvrages cités, *Maurice Lauré* est aussi l'auteur d'ouvrages de réflexion politique : « *Révolution, dernière chance de la France* » et « *Reconquérir l'espoir* ».

Cf. Chiffre d'affaires, Politique fiscale, TVA.

LIQUIDATION DE L'IMPÔT

La liquidation a pour objet de déterminer le montant de la dette fiscale par application, à la base d'imposition, du tarif de l'impôt.

C'est le deuxième temps de la procédure d'imposition qui débute par les opérations d'assiette et se termine par le recouvrement de l'impôt.

En principe, la liquidation de l'impôt incombe à l'administration. C'est notamment le cas lorsque l'impôt est perçu par voie de rôle (impôt sur le revenu, taxes locales). Cependant, en matière d'impôt sur les sociétés et de taxes sur le chiffre d'affaires, la liquidation incombe au contribuable, l'administration se bornant à contrôler les calculs effectués par le redevable.

Dans les cas où l'impôt est perçu par voie de prélèvement à la source (ce qui est le cas pour l'impôt sur le revenu dans la plupart des pays développés), la liquidation est opérée par le tiers qui verse le revenu imposable. Cela constitue l'un des avantages de ce mode de recouvrement de l'impôt pour l'administration. Cependant, d'une manière générale, l'informatisation du fisc et des entreprises facilite grandement ces opérations de liquidation qui n'ont cessé de se compliquer par suite de la diversification des tarifs et de la multiplication des déductions, majorations et abattements.

La portée juridique de l'opération de liquidation de l'impôt a été controversée. Celle-ci ne crée pas la créance qui préexiste à cette mesure technique, mais elle rend la dette fiscale liquide, c'est-à-dire payable et exigible dans un certain délai. Cette notion d'exigibilité de l'impôt joue un rôle important notamment en matière de taxes sur le chiffre d'affaires.

Cf. Assiette, Fait générateur, Recouvrement, Tarif.

MUSÉES

Il existe des musées de l'impôt.

Généralement, comme à Bordeaux, il s'agit de musées douaniers.

Le *musée fiscal de Rotterdam*, fondé en 1937 par le Professeur Van der Poel, est le seul au monde à couvrir tous les aspects de l'imposition.

On peut trouver bizarre l'idée d'instituer un musée de l'impôt. Mais comme l'explique le guide du musée de Rotterdam, il y a toujours eu des impôts et il y en aura toujours pour que la société fonctionne au bénéfice de ses membres. L'histoire de l'impôt est donc étroitement reliée à l'histoire politique et économique d'un pays, ainsi qu'à la vie quotidienne de ses habitants.

En flânant dans les salles de ce riche musée, qui contient plus de 200.000 documents, on découvrira le denier de Vespasien (taxe sur les urinoirs), les premiers timbres fiscaux appliqués en Hollande dès 1623 (deux siècles avant les timbres-poste), et même la médaille attestant le paiement de l'impôt sur les barbes institué par Pierre-le-Grand.

Mais l'esprit inventif du fisc n'a d'égal que l'ingéniosité des fraudeurs et des contrebandiers. Ainsi des bottes thibétaines à semelles creuses, aux selles et garde-boue de bicyclette aménagés pour cacher bouteilles de gin et cigarettes, c'est toute une panoplie d'instruments de fraude, amusante et instructive, qui témoigne de l'imagination contestataire du contribuable de tous les temps.

Il arrive aussi que la résistance à l'impôt prenne un aspect plus violent et le musée de Rotterdam rappelle quelques révoltes fiscales aux XVIIe et XVIIIe siècles en Hollande.

Cf. Douane, Fraude fiscale, Résistance à l'impôt, Sociologie fiscale.

PARADIS FISCAUX

Les paradis fiscaux, on s'en doute, sont des paradis artificiels.

Un paradis fiscal est un pays dans lequel les conditions d'imposition sont particulièrement favorables. Dans la réglementation française en matière d'impôt sur les bénéfices, est considéré comme un pays à fiscalité privilégié tout Etat dans lequel l'impôt est inférieur d'un tiers au moins à celui qui serait applicable en France.

On a pu établir une distinction entre le paradis fiscal et le pays refuge. Alors que le premier abrite des capitaux actifs (investis dans des sociétés ayant des activités commerciales ou financières), le second fournit seulement un havre à des capitaux passifs (placements). Ces deux types de facilités sont généralement offertes par le même Etat.

Les paradis fiscaux doivent présenter certaines garanties.

D'abord, celle de la stabilité politique et monétaire. Etats indépendants ou largement autonomes (Antilles néerlandaises), ils abritent généralement une population peu nombreuse, plus soucieuse de négoce que de contestation. L'appartenance à une zone monétaire forte (franc suisse pour le Liechtenstein) et l'existence d'un réseau bancaire solide sont importants.

En outre, le paradis fiscal devra être étroitement relié aux pays industrialisés, tout en gardant le plus parfait secret bancaire.

Il existe différentes sortes de paradis fiscaux.

Les *paradis pour personnes physiques* (Andorre, Campione d'Italie, Monaco) accordent une immunité fiscale quasiment totale à leurs résidents. Pas d'impôt sur le revenu, ni sur la fortune et, même souvent, pas sur la dépense. La qualité de résident est plus ou moins facilement accordée selon les Etats. Un investissement immobilier et des revenus réguliers et substantiels sont souvent requis. Les nationaux de certains pays peuvent être exclus des avantages fiscaux liés à la résidence. Ainsi, depuis 1963, les Français ont été chassés du paradis fiscal monégasque.

Les *paradis fiscaux pour personnes morales* (Hong-Kong, Jersey, Libéria) accordent leurs faveurs aux sociétés créées sous l'empire de leur législation. Ainsi, au Liechtenstein, un seul fondateur peut créer une société dite « Anstalt » qui sera assujettie à un seul impôt de 1 % sur son capital.

Certains paradis fiscaux sont universels, ils accordent tous les avantages (Bahamas), d'autres sont très spécialisés (Luxembourg et Pays-Bas pour les sociétés holdings, par exemple).

Afin de lutter contre cette forme d'évasion fiscale internationale préjudiciable à leur économie, les législateurs des pays industrialisés tendent à établir une présomption de fraude qui leur permet de taxer forfaitairement les bénéfices localisés dans les pays à fiscalité privilégiée (art. 209 B du Code général des impôts). La même présomption s'applique aux rémunérations de services que des personnes physiques (artistes, sportifs professionnels), contribuables de pays à forte pression fiscale, font verser à des sociétés implantées dans des paradis fiscaux qui sont censées louer leurs services (Rent-a-star company) (art. 155 A. du Code général des impôts).

En dépit de ces précautions, souvent efficaces, l'évasion fiscale internationale restera importante tant que le climat fiscal planétaire ne sera pas amélioré, c'est-à-dire tant que les différences de pressions fiscales entre les Etats ne seront pas diminuées sensiblement.

Lecture

— Beauchamp, *Guide mondial des paradis fiscaux*, Grasset, 1985.
— Conseil de l'Europe, « *L'évasion et la fraude fiscales internationales* », Colloque de Strasbourg, 1980, Bureau international de documentation fiscale, Amsterdam, 1981.
— G. Tixier et G. Gest, *Droit fiscal international*, PUF, Paris, 1985.

Cf. Conventions internationales, Fraude fiscale, Résistance à l'impôt, Territorialité.

PARAFISCALITÉ

Contrairement à la notion d'impôt, la parafiscalité fait l'objet en France d'une définition législative précise. En vertu de l'article 4 de l'ordonnance du 2 janvier 1959, « les taxes parafiscales sont perçues dans un intérêt économique ou social, au profit d'une personne morale de droit public ou privé, autre que l'Etat, les collectivités territoriales et leurs établissements publics ou administratifs ».

Ces taxes diffèrent de l'impôt par le caractère spécialisé de leur finalité (intérêt économique et social), la qualité de leurs bénéficiaires (les organismes, notamment privés, exclus du bénéfice du prélèvement fiscal) et leur nature juridique (compétence du pouvoir réglementaire).

Cependant, ces taxes qui ont un champ d'application très large, sont étroitement contrôlées par la puissance publique.

La soixantaine de taxes recensées chaque année par la loi de Finances touchent aux domaines les plus divers de l'activité nationale : agriculture, équipement, promotion commerciale, solidarité, préservation de l'environnement, culture. Leur montant total d'une dizaine de milliards en 1985 n'est pas négligeable, d'autant que dans certains secteurs elles peuvent atteindre un poids considérable (taxes parafiscales sur les produits pétroliers perçues au profit de la caisse nationale pour l'énergie et de l'Institut français du pétrole, taxes parafiscales sur les assurances).

Le régime juridique des taxes parafiscales est proche de celui de l'impôt.

L'assiette, les règles de liquidation et de recouvrement des taxes ainsi que leur durée et leur taux sont fixées par décret. Toutefois, la perception de ces taxes, créées pour une durée limitée à cinq ans, doit être autorisée chaque année par le Parlement lors du vote de la loi de Finances.

Le plus souvent ces taxes sont recouvrées par l'Etat. Ainsi la douane perçoit quatorze taxes parafiscales à l'importation au profit d'organismes divers.

Enfin, les organismes bénéficiaires de la parafiscalité sont placés sous contrôle public (contrôleur financier, Cour des comptes).

D'une manière générale, un effort a été entrepris ces dernières années, pour réduire le nombre des taxes parafiscales (sur 113 taxes en 1975, il en subsistait 57 en 1986) et mieux en régler l'application.

Il n'en est pas de même pour certains prélèvements qui, différents de l'impôt et de la parafiscalité au sens strict, sont perçus par les personnes publiques à des titres divers. Les participations versées par les constructeurs pour contribuer aux dépenses d'équipement dans les zones d'aménagement concerté (ZAC) et les lotissements, les prélèvements effectués sur la cagnotte des casinos et sur le PMU, font partie de ces « impositions » auxquelles la jurisprudence dénie la qualité d'impôt, de taxes parafiscales ou de redevances et que l'on range dans la catégorie mal déterminée de la « quasi-fiscalité » (P. Amselek).

Lecture

— P. Amselek, *Une curiosité du droit public financier : les impositions autres que fiscales et parafiscales*, Mélanges Waline, Paris LGDJ, 1974.
— Revue Française de Finances Publiques, « *La parafiscalité* » n° 1, 1988, LGDJ, Paris (à paraître).

Cf. Cotisations sociales, Douanes, Impôt, Prélèvements obligatoires, Taxes et redevances.

PAYS SOCIALISTES

Par pays socialistes on entend ici les pays qui ont adopté un système d'économie collectiviste qui repose sur double fondement d'une large appropriation publique des moyens de production et d'une planification impérative des activités économiques et sociales.

Dans ces pays l'impôt ne joue qu'un rôle marginal.

En effet, l'impôt suppose la propriété privée et la liberté, notamment économique. Dans une économie collectiviste centralisée, le prélèvement fiscal n'a plus de raison d'être. L'Etat, seul propriétaire, ventile la plus-value créée entre les investissements et les revenus et, sauf erreur, la part affectée à chacun est définitive et ne nécessite pas de reversement de nature fiscale.

En fait, l'impôt subsiste car la répartition des revenus peut impliquer des ajustements et la propriété privée n'est pas totalement exclue. Cependant, les recettes fiscales perçues directement sur la population sont faibles : à peine 10 % des ressources budgétaires dans la plupart des Etats.

Il arrive que les auteurs socialistes assimilent à l'impôt, les prélèvements effectués par l'Etat sur les unités de production. Celles-ci jouissent en effet formellement d'une autonomie juridique et de gestion qui donnerait à ce transfert de fonds un caractère fiscal. Or non seulement cette autonomie est illusoire en raison des contraintes du plan et des prix, mais encore le prélèvement n'est fixé ni dans sa quotité, ni dans sa périodicité, ce qui lui confère un aspect arbitraire incompatible avec la notion d'impôt.

L'impôt dans la mesure où il existe dans les pays socialistes, est très différent de ce qu'on désigne sous ce terme dans les économies capitalistes décentralisées. L'impôt socialiste est un instrument, parmi d'autres, de gestion de l'économie planifiée.

Il assure, tout d'abord, en l'absence des mécanismes du marché, une redistribution, conforme au Plan, du revenu national : c'est sa *fonction distributrice*. Certes, les prix et les salaires, tous deux planifiés, fixent la part de la richesse nationale dévolue respectivement aux entreprises et aux travailleurs. Mais cette répartition est grossière et l'impôt permet de l'affiner. De plus, il pourra obliger à contribuer au budget les secteurs d'activité où subsiste une propriété non étatique (secteur coopératif ou artisanal).

L'impôt socialiste a aussi une *fonction stimulatrice*. Celle-ci est l'équivalent de la fonction interventionniste remplie par la fiscalité dans les économies de marché. Mais alors que dans les pays occidentaux, l'incitation fiscale reste secondaire, dans les Etats socialistes elle sert à orienter toute la consommation, en l'absence d'autres éléments de diversification. Ainsi en URSS on compte plusieurs milliers de taux différents de taxe sur le chiffre d'affaires.

Enfin, dans la mesure où une décentralisation économique est amorcée, l'impôt peut, par un jeu de sanctions et de récompenses, organiser les rapports entre les unités de production et le budget de l'Etat. Cela implique la reconnaissance aux unités décentralisées d'une véritable autonomie de gestion. Cela suppose aussi l'abandon des prélèvements différentiels et arbitraires. Dans cette hypothèse, qui postule une réduction drastique des pouvoirs de décision des organes centraux, l'impôt peut avoir une *fonction organisatrice*.

Largement ignoré de la population, inclus dans les prix ou perçu à la source, l'impôt socialiste pose peu de problèmes d'ordre administratif ou sociologique. Le contribuable de ces pays ne se soucie guère de l'impôt. Au contraire, les plus clairvoyants d'entre eux l'envisagent comme un espoir : le prix de la liberté d'entreprendre.

Lecture

— P. Beltrame, *Les systèmes fiscaux*, Que sais-je ? PUF, 2e éd. Paris, 1978.

Cf. Impôt, Interventionnisme fiscal, Systèmes fiscaux.

PLUS-VALUES

On appelle plus-values les gains en capital réalisés lors de la cession à titre onéreux de tout ou partie de l'actif d'une entreprise ou du patrimoine d'un particulier.

L'imposition de ces gains en capital découle de l'adoption d'une notion large de revenu au terme de laquelle tout enrichissement du contribuable constitue un revenu imposable, sans qu'il y ait lieu de distinguer entre les revenus périodiques ou exceptionnels. Cependant, afin d'éviter les conséquences trop rigoureuses d'une imposition qui risque, en période d'inflation monétaire, de frapper un gain purement nominal, le législateur prévoit généralement une imposition atténuée pour les plus-values.

Les plus-values d'actif, les plus-values immobilières et les plus-values mobilières sont soumises à trois régimes fiscaux différents.

L'imposition des plus-values d'actif

L'actif immobilisé d'une entreprise comprend tous ses éléments stables, ses capitaux fixes, ses moyens d'exploitation, sans qu'il y ait lieu de distinguer entre les immeubles et les meubles au sens du droit civil. Seules les valeurs d'exploitation (matières premières, marchandises) ne font pas partie de l'actif immobilisé.

L'imposition des plus-values d'actif peut avoir lieu soit en cours d'exploitation, lors de la cession d'éléments de l'actif, soit en fin d'exploitation, lors de la cession de la totalité de l'entreprise.

En cours d'exploitation, la vente ou l'apport à une autre entreprise d'un élément de l'actif immobilisé (machine, brevet, terrain) peut donner lieu à la réalisation d'une plus-value imposable. Celle-ci est égale, en principe, à la différence entre le prix de cession (V) et la valeur nette comptable, c'est-à-dire le prix de revient (R) diminué des amortissements (A) effectivement pratiqués, s'il s'agit d'éléments amortissables :

$$PV = V - (R - A) \text{ ou } PV = V - R + A$$

Comme on peut le constater, la taxation de la plus-value permet de récupérer tout ou partie des amortissements qui avaient été antérieurement déduits de l'assiette de l'impôt.

Que les plus-values soient soumises à l'imposition de droit commun sur les bénéfices (France, Allemagne, Belgique, Italie) ou à un impôt spécifique sur les gains en capital (Canada, Etats-Unis, Royaume-Uni) on peut distinguer trois grands types de régime d'imposition : le régime de *l'exonération sous condition de remploi*, le régime de la *décote* et le régime *des plus-values à court terme et à long terme*.

Les deux premiers régimes sont des régimes d'exonération totale ou partielle (décote) des plus-values. Ils ne sont pas pratiqués en France. Relativement favorables aux entreprises, ils sont d'application simple et jouent souvent un rôle de complément dans les législations où ils sont en vigueur (Allemagne, Italie, Royaume-Uni).

Le régime des plus-values à court terme et à long terme qui est pratiqué en France, aux Etats-Unis et en Belgique notamment, consiste à aménager les conditions d'imposition de la plus-value en fonction de la durée de détention de l'élément cédé. Les plus-values à court terme, c'est-à-dire provenant de la cession d'éléments détenus depuis peu de temps par le cédant, étant taxées plus lourdement que les plus-values à long terme qui proviennent de la cession d'éléments entrés depuis un temps plus long dans l'actif du vendeur. La durée minimum de détention requise pour bénéficier du régime du long terme est variable selon les législations. En France, elle est de deux ans. Cependant, chez nous, la plus-value réalisée sur la cession d'un élément amortissable (cas le plus fréquent) est considérée comme étant à court terme, quelle que soit la durée de détention du bien cédé, pour la fraction de son montant qui n'excède pas la somme des amortissements effectués sur l'élément cédé. Cette technique permet en principe au fisc de récupérer, au moment de la cession, la partie des amortissements pratiqués sur le bien qui excédait sa dépréciation effective. Toutefois, en période d'inflation, des gains purement nominaux sont ainsi taxés, ce qui peut être préjudiciable à l'investissement.

Les plus-values à court terme sont incorporées dans le bénéfice imposable après déduction éventuellement des moins-values de même nature, tandis que les plus-values à long terme bénéficient d'un taux réduit d'imposition de 15 % en France. Ce taux est porté à 25 % lorsque les plus-values proviennent de la cession de terrains à bâtir.

Les plus-values réalisées par de petites entreprises sont exonérées à condition que l'activité professionnelle ait été exercée à titre principal pendant cinq ans au moins et que la cession ne porte pas sur des terrains à bâtir.

En fin d'exploitation, la cession totale ou partielle d'une entreprise entraîne, en principe, l'imposition de plus-values souvent considérables dues, en grande partie, à la dévaluation monétaire. La valeur comptable des éléments figurant au bilan est souvent bien inférieure à leur valeur de réalisation sur le marché. De ce fait, la liquidation ou la restructuration d'une entreprise s'avère toujours une opération onéreuse. Aussi, afin de ne pas décourager les modifications de structure rendues indispensables par les nécessités économiques, le législateur prévoit des modalités d'imposition atténuées, voire des exonérations, pour les plus-values constatées en fin d'exploitation.

Ainsi, après agrément préalable, les plus-values de liquidation d'une société peuvent être taxées à un taux réduit d'impôt sur les sociétés, tandis que les *fusions de sociétés* ne donnent pas lieu à imposition des plus-values car elles sont regardées, du point de vue fiscal, comme des opérations par lesquelles la société absorbante prolonge l'existence des sociétés absorbées. Cette solution exclut la formation de plus-values de cession, mais les intérêts du fisc sont cependant sauvegardés car si la société absorbante cède, après la fusion, les actifs pris en charge, l'imposition sur les plus-values s'appliquera en prenant en compte la valeur d'origine des éléments cédés. De ce fait, la non-imposition des plus-values lors des fusions de sociétés aboutit, finalement, à différer seulement la taxation des plus-values constatées sur les actifs des sociétés absorbées.

L'imposition des plus-values immobilières

Cette imposition concerne les gains en capital réalisés par des particuliers lors de la cession, à titre onéreux, d'immeubles de leur patrimoine. Cette taxation des gains en capital réalisés par des particuliers en dehors de leur activité professionnelle est relativement récente en France. Elle a été introduite par la loi de finances pour 1963 et généralisée par la loi du 19 juillet 1976, modifiée en 1982.

En principe, toutes les plus-values immobilières effectivement réalisées par des particuliers sont incluses dans le revenu imposable. Il n'existe pas dans notre pays, comme c'est souvent le cas dans les systèmes fiscaux anglo-saxons, un impôt spécifique sur les gains en capital. Cependant, chez nous, les exonérations sont nombreuses et seule une fraction de la plus-value taxable est prise en considération.

Les exonérations concernent les plus-values qui proviennent de la cession de la résidence principale et celles nées de la première cession d'un logement lorsque le contribuable n'est pas déjà propriétaire de sa résidence principale. En outre, sont exonérées les plus-values réalisées par des contribuables à revenus modestes et par ceux dont la valeur du patrimoine immobilier n'excède pas 400.000 F, cette somme étant majorée de 100.000 F par enfant à partir du troisième. Enfin, les plus-values qui proviennent de la cession d'immeubles bâtis détenus depuis plus de vingt-deux ans et de terrains à bâtir détenus depuis plus de trente-deux sont exemptées.

Le régime fiscal des plus-values immobilières est fondé, comme celui des plus-values d'actif, sur la distinction entre le court terme et le long terme.

Les *plus-values à court terme*, réalisées sur la cession de biens détenus pendant *moins de deux ans*, sont calculées par simple différence entre le prix de vente et le prix d'achat augmenté des frais.

Les *plus-values à long terme* (biens détenus depuis deux ans ou plus) sont calculées par différence entre le prix de cession et le prix d'achat actualisé en fonction de la hausse des prix (indice des prix à la consommation de l'INSEE). Seule, ensuite, une fraction de la plus-value à long terme ainsi calculée est soumise à l'impôt sur le revenu (réduction de 5 % ou 3,33 % pour les terrains à bâtir, par année de possession au-delà de la deuxième).

La plus-value taxable est enfin réduite par le jeu d'abattements. A l'abattement forfaitaire de droit commun de 6.000 F. peuvent s'ajouter des abattements spéciaux pour les plus-values provenant d'opérations d'exportation ou de la cession d'une résidence secondaire.

La progressivité du barème de l'impôt sur le revenu est atténuée par un système de quotient par 5, tandis que, sur demande du contribuable, le paiement de l'impôt afférent à ces plus-values peut être étalé sur cinq ans.

Les nombreuses exonérations accordées et les aménagements de l'imposition intervenus en 1982 ont notablement allégé l'imposition des plus-values immobilières en France, si bien que celle-ci, compte tenu de son coût de perception relativement élevé, pourrait être supprimée sans grand dommage pour le budget de l'Etat.

L'imposition des plus-values sur valeurs mobilières

De ce point de vue il faut distinguer selon que les valeurs mobilières font partie du portefeuille d'un particulier ou d'une entreprise.

Lorsque les valeurs mobilières sont détenues par un particulier, les plus-values réalisées à l'occasion de leur cession ne sont imposables que si elles proviennent d'opérations réalisées à titre habituel ou qui portent sur des cessions importantes (265.000 F en 1985).

En revanche, lorsque les valeurs mobilières figurent à l'actif d'une entreprise, les plus-values de cession comme les plus-values constatées à la clôture de chaque exercice sont imposables. En revanche, les moins-values réalisées ou les dépréciations constatées viennent en déduction du bénéfice imposable. Le régime fiscal des plus-values ou moins-values de cession de titres repose sur la distinction entre le long terme (titres détenus depuis plus de deux ans) et le court terme (titres détenus depuis moins de deux ans).

Cf. Bénéfice imposable, Capital, Investissement, Revenu imposable.

POLITIQUE FISCALE

Comme tous les termes trop utilisés, l'expression « politique fiscale » n'a pas un sens clair ou plutôt elle est prise dans tant d'acceptions différentes qu'elle ne signifie souvent plus grand-chose.

On peut définir la politique fiscale comme « l'ensemble des décisions prises pour instituer, organiser et appliquer les prélèvements fiscaux conformément aux objectifs des pouvoirs publics » (G. Tournié).

Cette définition implique l'existence de plusieurs mesures fiscales coordonnées en vue d'atteindre un but précisément fixé. Comme toute politique, la politique fiscale est une discipline qui vise à établir la synthèse d'un ensemble de données hétérogènes afin d'assurer des choix.

La politique fiscale peut être *active* ou *réflexive* selon qu'elle résulte de la détermination a priori de décisions et d'objectifs ou qu'elle est déduite a posteriori d'un ensemble de mesures éparses. Dans le premier cas, elle constitue un élément de l'art de gouverner, elle vise à l'action et implique des choix comportant des jugements de valeur. Il en est ainsi, par exemple, lorsque le gouvernement fait voter une loi qui contient une série d'aménagements fiscaux qui instituent une véritable politique fiscale de l'épargne. Dans le second cas, la notion de politique fiscale désigne et tend à révéler une continuité cachée sous la diversité, une cohérence dans le pullulement des mesures particulières. Cette démarche n'implique pas nécessairement le recours à des jugements de valeur, dans la mesure où elle se borne à établir l'adéquation des décisions prises aux finalités affirmées. La politique fiscale réflexive peut donc prétendre à un statut scientifique.

Dans la réalité, ces deux aspects de la politique fiscale sont difficilement dissociables. D'abord, parce que le couple action-réflexion est indissoluble. Toute action implique une réflexion et toute réflexion prépare une action. Mais aussi du fait que l'établissement d'une politique fiscale requiert l'humilité du savant et que son appréciation suppose la prudence du politique.

Lecture

— M. Lauré, *Traité de politique fiscale*, PUF, Paris, 1956.
— G. Tournié, *La politique fiscale sous la Ve République*, Privat, Toulouse, 1985.

Cf. Emploi, Epargne, Interventionnisme fiscal, Investissement, Lauré (Maurice).

POUJADE, Pierre

Ce libraire de Saint-Céré (Lot) a fait trembler le pouvoir politique lorsque, dans les années cinquante, il incarnait la révolte fiscale des boutiquiers.

Né en 1953, de l'opposition spontanée aux contrôles fiscaux dans quelques bourgs de province, le mouvement Poujade gagne, en peu de temps, tout le pays. Aux élections de 1956, il recueillera deux millions et demi de voix et sera représenté à l'Assemblée Nationale par 52 députés. Les « événements » d'Algérie et la mutation de la société française allaient entraîner la rapide disparition d'un mouvement que trop de liens rattachaient au passé.

Révolte des humbles, apparue sur les terroirs pauvres du centre de la France, lieu d'élection des révoltes fiscales ancestrales, le poujadisme n'a ni projet ni programme. Le mouvement Poujade est avant tout l'expression d'un refus. « Le refus de l'intrusion de l'Etat » (G. Ardant) ; le refus des formes modernes de production et de distribution (grands magasins, sociétés anonymes, « trusts apatrides ») qui « dépersonnalisent » l'individu et conduisent à « une société standardisée, mécanisée, dirigée » (G. Ardant). Rien d'étonnant alors qu'il soit né dans les départements où la stagnation économique rendait plus évidentes les inégalités de développement et plus pesant le poids de l'impôt.

Pierre Poujade, le fondateur de l'Union de défense des commerçants et artisans (UDCA) a disparu de la scène politique aussi brusquement qu'il y était venu. Mais il y a laissé la marque d'un mouvement qui a surpris de nombreux Français car il ressuscitait, à l'aube de la société de l'an 2000, un passé venu du fond des âges.

Lecture

— G. Ardant, *Histoire de l'impôt*, Livre II, Fayard, Paris, 1972.
— S. Hoffmann, *Le mouvement Poujade*, A. Colin, Paris, 1956.
— P. Poujade, *J'ai choisi le combat*.

Cf. Contrôle fiscal, Résistance à l'impôt.

PRÉLÈVEMENTS OBLIGATOIRES

La notion de prélèvements obligatoires est une notion plus statistique que juridique. En effet, devant l'arborescence du phénomène fiscal qui se ramifie quasiment à l'infini, il fallait, afin de mesurer le poids de l'impôt dans l'économie, élaborer un concept suffisamment global pour inclure toutes les formes d'imposition. Pour cela les statisticiens, prenant le mal, ou plutôt l'impôt, à sa racine, ont défini les prélèvements obligatoires comme « l'ensemble des contributions obligatoires effectuées sans contrepartie au profit des administrations publiques et des institutions communautaires européennes ».

Cette définition, qui n'est pas sans poser quelques problèmes pour la parafiscalité perçue au profit d'organismes privés, recouvre les impôts de l'Etat et des collectivités décentralisées, les prélèvements communautaires, les taxes administratives et les cotisations sociales effectivement payées. En sont exclues les contributions obligatoires versées aux entreprises (redevances payées aux services publics industriels et commerciaux, parafiscalité professionnelle) et les « cotisations fictives » des collectivités publiques qui représentent le solde de la différence entre les prestations versées par l'Etat à ses fonctionnaires et les cotisations payées par ces derniers.

On remarquera que la notion de prélèvements obligatoires intègre les versements d'impôts ou de cotisations entre administrations publiques. Aussi pour apprécier le poids des prélèvements obligatoires sur l'économie marchande, les statisticiens ont élaboré des concepts plus restrictifs tels que celui de *prélèvements obligatoires consolidés nets* qui écarte, en outre, les transferts versés aux ménages et aux entreprises.

Rapporté au produit intérieur brut, le montant des prélèvements obligatoires permet de mesurer, avec la part d'erreur et d'incertitudes que comporte toute mesure statistiques globale, le niveau de la fiscalité dans nos sociétés.

« Il est (...) un indicateur de frontière des fonds soumis à affectation publique » (P. Llau).

Lecture

— Les cahiers français, « *Découverte des finances publiques : les prélèvements obligatoires* », la documentation française, n° 225, 1986.

— Conseil des impôts, *VIIe rapport relatif à l'impôt sur le revenu*, JO Imprimerie nationale, Paris, 1985.

— B. Keiser, *Les prélèvements obligatoires*, Regards sur l'actualité, n° 106, la documentation française, décembre 1984.

— P. Llau, *Forces et faiblesses du concept de taux global de prélèvements obligatoires*, Droit social, n° 6, 1984.

— P. Mantz et autres, *Le poids des prélèvements obligatoires : portée et limites de mesure*, Economie et Statistiques, n° 157, 1983.

Cf. Cotisations sociales, Impôt, Parafiscalité, Pression fiscale, Taxes et redevances.

PRESSION FISCALE

Voilà une expression, grosse de passions, qui exige d'être prudemment abordée.

En première approximation, la pression fiscale désigne le rapport qui existe entre le prélèvement fiscal subi par une personne, un groupe social ou une collectivité et le revenu dont dispose cette personne, ce groupe ou cette collectivité. Elle dépend de facteurs socio-économiques (le niveau de développement économique, régime politique) et de facteurs psychologiques (mentalités, comportements).

La *pression fiscale individuelle* est très difficile à déterminer. D'abord, il n'est pas facile d'évaluer précisément le montant des prélèvements obligatoires supportés par un contribuable au cours d'une période donnée. En effet, ces prélèvements sont très divers et ils peuvent être dissimulés (impôts sur la dépense intégrés dans les prix). En outre, même si l'on parvient à l'estimer, la pression fiscale individuelle ne renseigne pas sur l'effort fiscal demandé au contribuable car elle ne tient pas compte de la valeur des services et du montant des transferts que l'intéressé a reçus de la collectivité. En supposant qu'il soit possible d'évaluer le montant des prestations fournies gratuitement au contribuable, la pression fiscale nette ainsi mesurée ne saurait préjuger de l'effort fiscal du redevable. Celui-ci dépend encore du montant en valeur absolue de ses revenus. Un prélèvement de 10 % sur un très faible revenu est beaucoup plus pénible qu'un prélèvement de 30 % sur un revenu élevé. Enfin, interviennent les facteurs purement psychologiques liés notamment aux conditions de mise en œuvre de l'impôt. Le prélèvement à la source anesthésie le contribuable, alors que l'institution d'un nouvel impôt, en particulier déclaratif, ou seulement la modification d'un ancien, peut susciter des réactions de rejet de type allergique.

On voit donc combien la notion de pression fiscale individuelle est évanescente. Aussi bien, le contribuable est-il beaucoup plus sensible aux modifications de la pression fiscale qu'à cette pression elle-même. Le contribuable sent marginalement.

La *pression fiscale nationale* est plus facile à déterminer, mais son calcul et sa signification ne sont pas exempts d'ambiguïtés. La pression fiscale nationale est mesurée par le rapport existant, dans un pays donné, entre le montant des prélèvements obligatoires et le produit intérieur brut. Ce pourcentage, appelé par les statisticiens « coefficient fiscal », permet d'apprécier le *niveau de la fiscalité* dans chaque pays. Il ne renseigne cependant pas sur la pression fiscale ressentie par les contribuables, ni sur l'effort fiscal fourni par la nation. En effet, la pression fiscale ressentie à un moment donné dans un pays donné dépend non seulement de la charge fiscale globale, mais également du niveau du revenu national, de l'état de l'infrastructure économique et sociale, de la répartition du poids de l'impôt entre les groupes sociaux ainsi que du volume et de la qualité des prestations gratuites fournies par l'Etat aux individus. De plus, la validité du coefficient fiscal est tributaire de l'approximation des évaluations statistiques tant en ce qui concerne le produit intérieur brut que les recettes fiscales. Si bien que les comparaisons internationales des charges fiscales doivent être prudentes et n'accorder qu'un crédit relatif à ces chiffres, pourtant fournis à la décimale près par des statisticiens. Sous ces réserves, ces comparaisons, qui sont révélatrices des fondements socio-économiques de l'impôt (niveau de la richesse nationale, degré d'intervention de l'Etat), permettent d'établir des constats intéressants. Ainsi le rendement fiscal moyen dans les pays industrialisés (pays de l'OCDE) a augmenté de 10 points en vingt ans, passant de 30 à 40 % du PIB entre 1965 et 1985. Le niveau moyen de la fiscalité dans ces pays est le double de celui constaté dans les pays en développement. Mais les disparités à l'intérieur d'un groupe de pays restent grandes. Ainsi, parmi les pays industrialisés, les plus imposés ont un coefficient fiscal de l'ordre de 50 % (Suède, Norvège, Pays-Bas, France), les moins imposés de l'ordre de 30 % (Japon, Etats-Unis, Suisse).

Tableau synoptique

Coefficient fiscal moyen des PVD : 20 % (15 % en 1965)
Coefficient fiscal moyen des pays
industrialisés (OCDE) : 40 % (30 % en 1965)

Pays industrialisés les plus imposés		*Pays industrialisés les moins imposés*	
Suède	51 %	Japon	27 %
Pays-Bas	47 %	Etats-Unis	29 %
Danemark	46 %	Australie	30 %
France	45 %	Suisse	32 %

Sources : OCDE 1984

On constate que dans les pays où le revenu par tête est élevé (de l'ordre de 10.000 $) le degré d'intervention de la puissance publique joue un rôle déterminant dans le poids de l'imposition globale. Il n'en est pas de même dans les pays en développement où les gouvernants n'ont pas une marge de manœuvre aussi grande en matière fiscale. Dans ces pays la productivité de l'économie impose sa loi d'airain.

La *pression fiscale de groupe* peut donner d'utiles indications sur la répartition des charges fiscales entre les catégories socioprofessionnelles ou les secteurs économiques. A ce titre, elle constitue une donnée de la politique fiscale. Dans la pratique, l'évaluation de la pression fiscale de groupe se heurte à l'insuffisance des données, au caractère très aléatoire de la connaissance des revenus réels de certaines catégories de contribuables, à la quasi-impossibilité de prendre en compte la pression fiscale moyenne effective (y compris l'imposition sur la dépense) supportée par les différents groupes.

En dépit de ces difficultés, une étude effectuée en 1979 par le conseil des impôts a permis d'établir la répartition de l'impôt sur le revenu entre les catégories socioprofessionnelles. Ces résultats ont confirmé ce que laissait augurer le barème, c'est-à-dire la nette surcharge fiscale subie par les cadres supérieurs et moyens qui à eux seuls payaient, en 1977, près de la moitié de l'impôt sur le revenu. Cependant les choses paraissaient s'améliorer puisque entre 1965 et 1977 le degré d'inégalité de l'imposition des revenus diminuait. Peut-être cette évolution ne traduisait-elle que l'érosion des revenus élevés et le resserrement de l'éventail des revenus des diverses catégories socioprofessionnelles qu'a mis en évidence depuis le centre d'étude des revenus et des coûts (Rapport du CERC, n° 80, Paris, 1986).

Le *plafonnement de la pression fiscale* est une question souvent débattue dans les pays où le rendement fiscal est élevé. Ainsi un *plafond individuel* de prélèvement obligatoire a été institué au Danemark et aux Pays-Bas. Ce plafond consiste à fixer le pourcentage des revenus de chaque contribuable qui peut être chaque année prélevé par les impositions de toute nature (y compris les cotisations sociales) des diverses collectivités (Etats, collectivités locales, organismes parapublics). Les prélèvements excédant ce plafond, qui est de 70 % au Danemark, sont remboursés au redevable. Cette mesure n'est qu'un pis-aller dont la mise en œuvre se heurte à la prise en compte des impôts sur la dépense. Mais elle constitue un geste d'apaisement susceptible de rendre plus supportable l'effort fiscal des citoyens. De plus, elle vient utilement rappeler aux gouvernements que si les impôts sont multiples, chaque contribuable ne dispose que d'un revenu pour les payer tous.

De la même manière, les économistes ont tenté de déterminer la *pression fiscale nationale limite* au-delà de laquelle le poids de l'impôt devient économiquement insupportable. Colin Clark, dans les années cinquante, fixait ce seuil autour de 25 % du revenu national. Au-delà de cette limite une crise économique grave était à craindre, provoquée par l'inflation et la disparition de l'esprit d'entreprise dues à l'alourdissement des charges fiscales. Or, une dizaine d'années après les prédictions du fameux économiste, le seuil fiscal fatidique était largement dépassé dans la plupart des pays industrialisés et le monde occidental entrait dans la plus formidable période de croissance économique qu'il ait connue. Plus récemment, les assertions de l'économiste américain A.B. Laffer, selon lesquelles au-delà d'un certain seuil l'alourdissement de la pression fiscale entraîne une diminution des recettes, ne paraissent guère se vérifier. Il est vrai que, prudemment, Laffer s'est bien gardé de préciser où se situait ce seuil d'optimum fiscal !

Cette recherche de l'optimum fiscal constitue la quête du Graal pour les économistes anglo-saxons, chevaliers de la Table Ronde de l'économie du bien-être (Welfare economics) ! Pour l'établir ils construisent des modèles dont la complexité mathématique n'a d'égale que l'inutilité. Plutôt que de vouloir fixer a priori des seuils, limite ou optimum, mieux vaut analyser les conséquences effectives de l'accroissement du prélèvement fiscal : les résistances à l'impôt, les distorsions économiques, les difficultés administratives. Seule une réflexion conduite à partir de ces études permettra au législateur de conserver en bonne santé la poule aux œufs d'or.

Lecture

— C. Atkinson, *Un casse-tête : la comparaison des pressions fiscales*, « Le Monde », 4 mars 1980.
— P. Beltrame, *Les systèmes fiscaux*, Q.S.J. n° 1599, 2e éd. PUF, Paris, 1979.
— P. Chanier, *La fin d'une illusion : les raisonnements « a priori » sur l'imposition optimale*, Revue de science financière, 1968.
— *Conseil des Impôts*, 4e rapport, Imprimerie nationale, Paris, 1979.
— R. Goode, *Limits to taxation*, in « La réforme des systèmes fiscaux , IIFP, Wayne, Baltimore, 1979.
— J.A. Pechman, Who Paid the Taxes ?, Studies of Government Finance, The Brookings Institution, Washington, 1986.
— P. Uri, *Un plafond pour les prélèvements obligatoires a-t-il un sens ?*, Pouvoirs, n° 23.

Cf. Développement économique, Politique fiscale, Prélèvements obligatoires.

PROVISIONS FISCALES

Les provisions fiscales sont des sommes déduites du bénéfice imposable en vue de faire face à des pertes ou à des charges, non encore réalisées, mais que des événements survenus au cours de l'exercice rendent probables.

Les provisions s'inscrivent au passif du bilan. Leur constitution contribue à donner une image exacte de la situation patrimoniale de l'entreprise. De plus, les provisions permettent une saine gestion prévisionnelle. Cependant, elles présentent un réel danger d'évasion fiscale. C'est pourquoi elles font l'objet de réglementations, plus ou moins complexes, dans tous les pays.

En France, la notion de provision est définie de façon à la fois synthétique et précise (CGI, art. 39-5).

Pour être déductibles des bénéfices, les provisions doivent remplir des conditions de forme et de fond. Formellement, elles doivent être constatées dans les écritures de la société et figurer sur un relevé spécial joint à la déclaration des résultats. Au fond, les provisions ne sont admises que :

1°) Si elles sont destinées à faire face à des pertes ou à des charges *normalement déductibles* du bénéfice imposable ; ce qui exclut la déduction d'une provision constituée pour l'acquisition d'un élément d'actif, par exemple ;

2°) Si la perte ou la charge qu'il s'agit de compenser est nettement précisée, c'est-à-dire *individualisée et évaluée* ; les provisions forfaitaires ne sont pas admises, sauf cas particuliers (pourcentage d'impayés établi d'après des statistiques précises) ;

3°) Si la perte ou la charge est *probable*, c'est-à-dire ni certaine ni éventuelle ; cette probabilité doit résulter d'événements survenus durant l'exercice.

Ces trois conditions sont cumulatives et chacune est interprétée par une jurisprudence extrêmement nuancée qui essaye de tenir compte des multiples éléments de fait susceptibles d'affecter le bien-fondé et la vraisemblance de la provision.

La déduction de la provision ne devient définitive qu'après la réalisation de la perte ou de la charge qu'elle a pour objet de compenser. Si celle-ci ne se réalise pas, la provision sera réintégrée dans le bénéfice imposable pour la totalité de son montant. Si la perte se réalise partiellement, seule la fraction de la provision qui excède le montant de la perte sera réintégrée.

Les provisions les plus couramment pratiquées sont les provisions *pour dépréciation de l'actif* (provisions pour créances douteuses, provisions pour dépréciation de stocks ou de titres) et les provisions *régulatrices du passif* (provisions pour risques et litiges, provisions pour grosses réparations).

Il existe aussi des provisions dont le montant et les conditions de déduction sont spécialement prévus par les textes. Ces *provisions spéciales* telles que les provisions pour hausse des prix, les provisions pour fluctuation des cours, les provisions des entreprises de presse, constituent de véritables réserves, légalement exonérées d'impôt.

Dans la plupart des pays étrangers, les provisions sont définies par des textes particuliers ou par les usages du commerce, de telle manière que l'entreprise dispose, en toute hypothèse, d'un fonds raisonnable de provision pour risques à la clôture du bilan. Dans ces législations, les provisions perdent leur spécificité et tendent, comme les provisions spéciales, à se confondre avec les réserves.

Lecture

— M. Cozian, *Principes de la fiscalité des entreprises*, Litec 2e éd. Paris, 1986.

Cf. Bénéfice imposable.

RECOUVREMENT

Le recouvrement est l'ensemble des procédures par lesquelles l'impôt passe du patrimoine du contribuable dans les caisses du trésor public.

Le recouvrement de l'impôt a été tantôt affermé, tantôt confié à des délégués des contribuables, avant d'être, de nos jours, confié aux administrations financières de l'Etat.

Affermer l'impôt consiste à concéder le recouvrement de l'impôt à un « fermier » (particulier ou société) qui s'engage à verser à l'Etat une certaine somme. Même si les fermiers sont parvenus, sous l'Ancien Régime, à mettre sur pied une administration efficace, ils s'enrichirent tant aux dépens des contribuables que du Trésor.

Le procédé de la collecte par des délégués, qui fut aussi pratiqué sous l'Ancien Régime, ne s'avéra pas plus heureux. En effet, les collecteurs manquaient souvent d'impartialité et surtout d'autorité, si bien que le rendement fiscal s'avérait médiocre.

C'est pourquoi, sous la Révolution, les tâches de perception de l'impôt furent confiées aux « régies financières » de l'Etat qui ont, jusqu'en 1948, constitué l'ossature de l'administration fiscale française.

Le paiement de l'impôt peut être le fait soit du contribuable lui-même, soit d'un tiers. Dans les deux cas ce paiement s'effectue suivant les règles et sous les garanties fixées par la loi. L'étude des moyens de coercition dont dispose le fisc à l'égard du contribuable mauvais payeur relève du contentieux fiscal.

Lorsque le *paiement de l'impôt est le fait du contribuable* lui-même, il peut être soit ordonné, soit spontané. Dans le premier cas, le contribuable reçoit un avis d'imposition qui lui indique le montant de l'impôt dû et les délais de paiement. Il en est ainsi toutes les fois où l'impôt est perçu par voie de rôle (impôt sur le revenu, taxes directes locales) ou encore lorsque le contribuable a négligé d'effectuer un paiement spontané auquel il était astreint (impôt sur les sociétés, taxes sur le chiffre d'affaires).

Le *paiement de l'impôt peut aussi être effectué par un tiers*. C'est le cas, dans la plupart des pays industrialisés, pour le recouvrement de l'impôt sur le revenu, tout au moins en ce qui concerne les salaires et les revenus de valeurs mobilières.

Dans ce système le prélèvement de l'impôt est effectué directement par la « partie versante » (employeur ou banquier) sur le montant des salaires ou des revenus mobiliers payés. Les sommes ainsi retenues sont ensuite versées au fisc.

La technique du prélèvement à la source simplifie la tâche de l'administration fiscale, elle améliore la trésorerie publique en accélérant les rentrées et elle anesthésie le contribuable qui s'habitue à raisonner en terme de salaires et revenus nets d'impôts.

Cependant, elle renforce les sujétions imposées par l'Etat aux entreprises, ce qui risque de grever leurs coûts. De plus, la retenue à la source peut conduire à une surimposition des salariés dans les pays où ceux-ci sont mal organisés pour protéger leurs intérêts.

En France, le prélèvement à la source n'est pas pratiqué sur les salaires, mais un système de *mensualisation de l'impôt* sur le revenu permet au contribuable d'étaler le paiement sur l'année en se déchargeant du souci d'effectuer les règlements successifs qui sont prélevés sur son compte bancaire ou postal. Ce mode de paiement automatique a été adopté par le tiers environ des contribuables. Il semble avoir des effets comparables à ceux du prélèvement à la source, pour un coût de gestion plus faible.

Lecture

— Conseil des impôts, « *VIIe rapport relatif à l'impôt sur le revenu* », Imprimerie nationale, Paris, 1985.

— *Revue française de Finances Publiques*, « Le recouvrement », n° 7, 1984, LGDJ, Paris.

Cf. Assiette, Administration fiscale, Liquidation de l'impôt.

RÉFORME FISCALE

Réclamée par tous les contribuables, promise par tous les gouvernements, élaborée par tous les comités d'experts, la réforme fiscale n'apparaît que rarement aux yeux de ses adorateurs.

En effet, la réforme fiscale conçue comme le grand chambardement d'un système fiscal se heurte à de sérieux et nombreux obstacles. Tout d'abord, il existe une « inertie des systèmes fiscaux » (P.M. Gaudemet) qui tient au poids de l'histoire et à la permanence des comportements collectifs et des mentalités. Ainsi pendant tout le XIXe siècle, le conservatisme des propriétaires fonciers, politiquement très influents depuis la Révolution, a fait barrage à l'introduction de l'impôt sur le revenu en France (cf. Thiers). En outre, toute réforme est coûteuse, même lorsqu'elle vise à augmenter le rendement de l'impôt. En effet, elle implique une reconversion du personnel d'exécution, des tâtonnements doctrinaux, un relâchement des contrôles qui, directement ou indirectement du fait de l'évasion fiscale qu'ils favorisent, coûtent cher au Trésor public. Enfin, et surtout, la réforme fiscale radicale est difficilement compatible avec l'évolutionnisme fiscal qui prévoit en pratique, dans le devenir des systèmes fiscaux. Ainsi, l'impôt sur le revenu, institué en 1914, évoluera pendant près de cinquante ans avant de prendre sa forme achevée. L'évolution de l'« Income tax » britannique fut encore moins rapide puisqu'elle dura quelque cent cinquante ans.

Certes, la réforme fiscale parfois se réalise, mais c'est toujours à l'occasion d'événements qui bouleversent l'équilibre socio-économique et modifient le cours de l'histoire. La Révolution française a donné naissance à un nouveau système fiscal, et il n'a pas fallu moins de deux conflits mondiaux pour que l'impôt sur le revenu et l'impôt sur les sociétés voient le jour. Même dans ces cas les réformes sont souvent moins fondamentales qu'elles ne le paraissent. Le système fiscal révolutionnaire a très vite cédé la place à un système d'impôts où l'on retrouve des pièces importantes de la réglementation de l'Ancien Régime, notamment en matière de contributions indirectes. L'impôt sur le revenu n'a pas aboli les « quatre vieilles » dont l'édifice, à peine ravalé, fait toujours partie de notre patrimoine fiscal.

De plus, en fiscalité comme ailleurs, les innovations les plus importantes passent souvent inaperçues parce qu'elles ne sortent pas toutes armées de la cuisse de quelque Jupiter fiscal, mais procèdent de la tranformation, par petites touches, d'impôts déjà en application depuis de nombreuses années. Ainsi la TVA introduite en France en 1954, n'est que la généralisation de la taxe unique à paiements fractionnés de 1948, elle-même simple modalité d'application de la taxe unique à la production instituée en 1936 à la suite des taxes uniques par produit des années vingt.

En définitive, la réforme fiscale radicale est un mythe dont la survivance et la propagation tiennent à plusieurs facteurs.

D'abord, l'alourdissement de la pression fiscale rend d'autant plus nécessaires et plus attrayante cette forme d'évasion dans un ailleurs idéal.

Ensuite, la réforme fiscale permet aux politiciens de justifier leur fonction d'innovation qui, désormais, caractérise l'homme politique au même titre que l'entrepreneur schumpétérien, surtout lorsque l'innovation se borne aux conclusions d'une commission ad-hoc qu'il sera toujours possible d'ignorer.

De plus, il existe un véritable « marché de la réforme fiscale » (A.T.Peacock) où certains théoriciens de l'impôt présentent des projets de réformes d'autant plus radicaux qu'ils sont plus superficiels.

Enfin, la réforme peut servir de leurre en occupant l'opinion pendant qu'à côté sont prises des mesures importantes. Ainsi, la discussion sur la réforme fiscale a masqué, depuis la fin de la dernière guerre mondiale, la formidable progression des cotisations sociales.

Il est encore trop tôt pour apprécier exactement l'étendue et l'effectivité de la réforme fiscale qui vient d'être adoptée par le Congrès américain. Il est cependant incontestable qu'elle comporte une lourde charge affective dans la mesure où elle se réclame des idéaux de liberté et de réussite individuelle qui furent ceux des fondateurs de la République.

Lecture

— Cato Journal (The), « *Federal Tax Reform* », 1986.
— Institut international de Finances Publiques, « *Réforme des systèmes fiscaux* », Wayne State University, Detroit, 1981.
— J. Lasarte, *Fonctionnalité du système fiscal et nécessité du changement*, Revue Française de Finances Publiques, 1983, n° 1.
— C.T. Sandford, *Realistic Tax Reform*, Ch. Knight, London, 1971.

Cf. Caillaux (Joseph), Kaldor (Lord Nicholas), Sociologie fiscale, Systèmes fiscaux, Thiers (Adolphe).

RÉPERCUSSION DE L'IMPOT

La *répercussion* de l'impôt ou *incidence*, désigne le phénomène par lequel un redevable atteint par l'impôt (percussion) transfère tout ou partie de sa charge fiscale sur un tiers.

La translation de l'impôt peut se faire « en avant », c'est-à-dire que l'impôt est répercuté, par le redevable légal, sur l'agent qui le suit dans le circuit économique.

Ainsi, l'impôt sur la dépense est, en principe, répercuté du producteur sur le consommateur. Il y a, au contraire, translation « en arrière » (plus rare) lorsque l'impôt est transféré du consommateur au vendeur.

Les phénomènes de répercussion concernent les transferts directs de l'impôt. Mais il peut arriver que les tiers sur lesquels la charge fiscale est répercutée parviennent à leur tour à transmettre celle-ci à d'autres, si bien que de proche en proche l'incidence de l'impôt se diffuse dans l'économie. On appelle cette sorte de répercussion indéfinie de l'impôt : la *diffusion*.

Dans le cadre d'une économie décentralisée où les prix résultent des conditions du marché, il est possible de déterminer les *lois de la répercussion*.

On peut en énoncer trois tenant à la *nature de l'imposition*

1) Les impôts dus à l'occasion des échanges sont plus facilement transférés que ceux dus en raison d'une situation. Ainsi les impôts sur la dépense sont plus aisément répercutés que ceux qui frappent le revenu et ces derniers se transfèrent mieux que les impôts sur le capital.

2) Un impôt proportionnel est plus répercutable qu'un impôt fixe, un impôt établi d'après une donnée mesurée ou évaluée plus qu'un impôt forfaitaire. En effet, l'imprécision dans la détermination du poids effectif de l'impôt et la forte inégalité relative des contribuables dans la taxation fixe ou forfaitaire, gêne la répercussion de l'impôt.

3) Un impôt progressif et fortement personnalisé est, en principe, moins répercutable qu'un impôt proportionnel, réel ou semi-personnel. Cette règle s'applique mieux aux droits de succession qu'à l'impôt sur le revenu qui peut, si la conjoncture est favorable, être même répercuté en arrière des salariés sur les employeurs, les hausses des salaires pouvant prendre en compte l'augmentation d'impôt qui en résulte.

C'est dire que les phénomènes de translation fiscale dépendent aussi, et pour une large part, de *facteurs économiques* structurels et conjoncturels.

D'une manière générale, l'impôt sera d'autant mieux répercuté que les prix de revient sont déterminés avec plus d'exactitude et de rapidité. L'élasticité de l'offre et de la demande joue un rôle plus important encore. La répercussion se fera sans difficulté dans le prix d'un produit dont la demande est inélastique, tel que l'alcool par exemple. En revanche, une plus grande élasticité de l'offre permet à l'entreprise d'attendre le moment opportun pour transférer l'impôt.

La translation dépend aussi de la conjoncture. En une conjoncture ascendante, la répercussion qui se fait du vendeur sur les acheteurs est plus facile. En période de crise l'impôt est généralement répercuté en arrière, ce qui est moins immédiat. Dans une économie en « stagflation » la translation s'effectue indifféremment dans l'un ou l'autre sens, en fonction de la force relative des parties en présence.

En définive, la répercussion est fonction de la nature de l'impôt et des conditions économiques : ce que P. Tabatoni exprime en disant que l'incidence de l'impôt est conditionnée par les lois de netteté et d'élasticité.

D'une manière générale, l'impôt est transféré des « économiquement forts » vers les « économiquement faibles » (M. Lauré), mais il faut se garder de tirer des conclusions trop tranchées d'un phénomène complexe et difficile à élucider.

Lecture

— B. Bobe et P. Llau, *Fiscalité et choix économiques*, Calman-Lévy, Paris, 1978.

— A. Euzéby, *L'incidence de l'impôt sur les sociétés : l'enjeu du problème, Revue de science financière, 1976.*

— *OCDE, L'incidence des impôts sur la consommation*, Paris, 1981.

— H.C. Recktenwald, *Tax Incidence and Income Redistribution*, Detroit, 1971.

Cf. Egalité, Emploi, Inflation, Pression fiscale.

RÉSISTANCES A L'IMPOT

Toute opposition à l'impôt, déclarée ou occulte, qu'elle prenne la forme d'une contestation sociale du bien-fondé de l'impôt ou qu'elle se limite à une transgression individuelle de l'ordre juridique établi, peut être qualifiée de résistance fiscale dans la mesure où cette attitude traduit le refus, le non-acquiescement de l'impôt.

Mais ici l'expression revêt un sens à la fois plus précis et plus étroit. Les résistances à l'impôt sont des formes collectives, plus ou moins organisées, d'opposition au prélèvement fiscal : la grève de l'impôt, les mouvements de protestation ou d'insurrection fiscale, l'action ouverte des groupes d'intérêts ou des ligues de défense des contribuables.

Les résistances à l'impôt sont universelles, elles se manifestent en tous lieux et en tous temps, mais il y a loin des révoltes spontanées de jadis à la résistance institutionnalisée de nos jours.

L'histoire de l'impôt est jalonnée de *révoltes fiscales* qui marquent les étapes de « la lente construction des Etats actuels » (G. Ardant).

Après la longue éclipse du Moyen Age, l'Etat renaît au XIIIe siècle et avec lui réapparaît l'impôt qui, se substituant aux corvées et réquisitions, affranchit les serfs et les villes. Au début l'impôt est une *aide*, un secours temporaire demandé par le suzerain à ses vassaux. Elle devient rapidement permanente, mais elle implique toujours le consentement des Etats Généraux. Le pouvoir royal, sous prétexte d'affermir l'autorité de l'Etat, va peu à peu se soustraire à cette obligation, tout en alourdissant la pression fiscale. Ainsi, l'impôt, souvent appliqué de manière arbitraire et anti-économique, va susciter les révoltes fiscales qui culmineront au XVIIe siècle. Elles commencèrent dès le règne d'Henri IV avec les révoltes des Croquants (1595) et le soulèvement des provinces de l'Ouest (1602). Elles se multiplient sous Louis XIII, quand la France entre dans la guerre de Trente Ans. Les révoltes éclatent partout dans le royaume : en 1635 dans les villes de Garonne, en 1636 en Saintonge, en 1637 en Périgord et en 1639 les « Nus-pieds » normands luttent contre l'extension de la ferme des gabelles. Elles culminent avec la Fronde, sorte de « vaste révolte fiscale, qui met en cause le régime lui-même » (G. Ardant). Avec le règne de Louis XIV elles sont plus efficacement réprimées et elles s'espacent pour disparaître sous Louis XV. Au XIXe siècle, les troubles fiscaux coïncident avec les périodes de vacance du pouvoir : 1814-1815, 1830, 1848. Mais l'Etat fiscal est désormais intériorisé et les luttes fiscales vont prendre d'autres formes.

A la révolte spontanée, tournée vers le passé, sans dessein proprement fiscal, tend à se substituer la *résistance institutionnalisée*, porteuse d'un programme de réformes fiscales immédiates et futures. Mais les choses ne sont pas aussi simples et en 1953, « les tondus du fisc », animés par Pierre Poujade, se mobilisent contre les contrôles fiscaux. Leur révolte de petits commerçants contre les « polyvalents » ressemble à celle des paysans contre les gabellous, mais les temps ont changé. Les insurgés finiront, en 1956, parlementaires. Une « cinquantaine de députés poujadistes qui ne savent et ne veulent que crier le refus » (D. Borne).

Un petit cafetier de l'Isère retrouvera en 1968 les méthodes poujadistes, mais les militants de Nicoud, comme ceux de Poujade, rentreront dans les voies de l'expression légale. « Le geste originel est toujours de pure résistance mais désormais ses développements recherchent la médiation politique » (D. Borne).

La résistance moderne à l'impôt est institutionnalisée et médiatisée. Elle prend la forme notamment de manifestations antifiscales telle que la pétition, ainsi que la formation de partis anti-impôts et d'associations de défense des contribuables.

L'adoption de la « *Proposition 13* » ; dans l'Etat de Californie, est exemplaire des mouvements contemporains de résistance fiscale. En 1978, après plus de douze ans d'effort, deux retraités, Howard Jarvis et Paul Gann, réussissent à réunir les 1,5 millions de signatures qui leur permettent de soumettre au vote une proposition de réduction des impôts fonciers d'Etat. Ratifiée par deux tiers des électeurs, la « Proposition 13 » est inscrite dans la Constitution de Californie. Elle limite l'impôt foncier à 1 % (contre 3 % auparavant) de la valeur vénale de l'immeuble. En trois ans, les contribuables californiens allaient économiser 30 milliards de $. La proposition 13 fut à l'origine de mesures de même nature dans d'autres Etats. Avec des fortunes diverses, la *pétition fiscale* entre dans les mœurs aux Etats-Unis.

Les associations de défense des contribuables jouent aussi un rôle considérable dans l'expression de la résistance fiscale de nos jours. Dans le Massachusetts, le Comité des citoyens pour la limitation fiscale, fort de 6.000 personnes, réussit à bloquer, pendant des années, les impôts d'Etat. Ces associations regroupées au niveau national : « National Tax Limitation Committee » et « National Taxpayer's Union », agissent aussi au niveau fédéral sur le Congrès et les partis (le Kemp-Roth Bill adopté à l'unanimité par le Républicain National Committee prosposait une réduction de l'impôt fédéral sur le revenu d'un tiers en trois ans). En France, la « Ligue des contribuables » n'a pas entraîné derrière elle de grands partis. Seul le Front National a fait écho, dans sa campagne de 1986, au projet d'une suppression progressive de l'impôt sur le revenu.

Pour être sûrs d'être politiquement entendues certaines organisations de défense se transforment en *partis anti-impôts*. Ainsi, le parti du progrès, fondé en 1973, au Danemark, a emporté 16 % des voix sur un projet de suppression de l'impôt sur le revenu en sept ans. Aux dernières élections de 1984, sa cote de popularité était retombée et son fondateur s'est retrouvé en prison, mais l'idée d'une réduction des impôts semblait acquise dans la classe politique. En Belgique, aux Pays-Bas, en Allemagne et en Norvège, d'autres partis anti-impôts sont aussi apparus. Ils sont révélateurs d'un malaise qui atteint les sociétés fiscalisées. La résistance à l'impôt est, aujourd'hui comme toujours, le signe d'un trouble plus profond. Ce n'est pas seulement le poids de l'impôt qui est en cause ni les difficultés de tel ou tel groupe social, c'est l'ensemble des rapports entre l'Etat et le citoyen. Placé face à un Etat omniprésent, le citoyen-contribuable voit une part croissante de son revenu lui échapper au nom d'une solidarité qu'il ne comprend plus et pour une contrepartie qu'il perçoit mal. Pour limiter les résistances à l'impôt, l'Etat fiscalisé ne devra pas se contenter d'imposer moins, il devra servir mieux. En limitant les services collectifs offerts, en améliorant leur qualité et en élargissant leur gestion, il pourrait réhabiliter l'initiative, la responsabilité et le sentiment de la solidarité.

Lecture

— G. Ardant, *Histoire de l'impôt,* Fayard, Paris, 1972.
— P. Beltrame, *Evolution récente des fiscalités occidentales : crise ou malaise de l'Etat fiscalisé ?* Annuaire européen d'administration publique, vol. III, 1980.
— Revue Française de Finances Publiques, « *Les résistances à l'impôt* », n° 5, 1984, LGDJ, Paris et notamment l'article de D. Borne « *Les révoltes contre l'impôt en France du XVIIe au XXe siècle* » (p. 9), et le débat « *Trop d'impôts ou trop d'Etat* » (p. 131).
— G. Sorman, *La révolution libérale,* Fayard, Paris, 1985.

Cf. Consentement de l'impôt, Poujade, Pression fiscale, Sociologie fiscale.

REVENUS FONCIERS

Les revenus fonciers sont constitués par le produit de la location d'immeubles, bâtis ou non bâtis, urbains ou ruraux.

Ces revenus font l'objet d'une « fiscalité attentive ». En effet, le revenu présumé des propriétés foncières sert de base aux taxes foncières locales, tandis que le revenu réel de ces propriétés est soumis à l'impôt sur le revenu. En outre, les éventuels gains en capital réalisés lors de la cession de ces biens sont imposés, encore à l'impôt sur le revenu, en tant que profits immobiliers.

Cette sévérité à l'égard des propriétaires immobiliers était en partie compensée par l'octroi de certains avantages en ce qui concerne le calcul du revenu foncier imposable. Ceux-ci ont été progressivement réduits ou supprimés.

La déduction forfaitaire représentant les frais de gestion, d'assurance et d'amortissement qui pouvait atteindre jusqu'à 35 % du revenu brut a été ramenée, sauf exception, à 15 % pour les immeubles urbains et 10 % pour les immeubles ruraux.

L'imputation des déficits fonciers sur le revenu global a été interdite. Ceux-ci ne sont imputables que sur les revenus fonciers des cinq années suivantes.

Les rigueurs de cette politique fiscale, jointes à la hausse des taux d'intérêt et au malaise suscité par la loi Quillot, avaient conduit à une telle diminution de l'investissement immobilier que des mesures d'incitation ont dû être prises qui intéressent surtout les nouveaux investisseurs.

Le *revenu imposable dans la catégorie des revenus fonciers* est égal à la différence entre le revenu brut et l'ensemble des charges supportées par le propriétaire,

Le revenu brut foncier se compose des produits de toute nature provenant des immeubles : loyers et fermages, les produits liés à la location (pas de porte), les recettes accessoires (droit de chasse, droit d'affichage). Les dépenses qui incombent au propriétaire et qui sont prises en charge par le locataire entrent aussi dans le revenu brut.

Du revenu brut sont déduites les charges réellement supportées (dépenses d'entretien et de réparation, rémunération des concierges, taxes foncières, intérêts des emprunts) ainsi que la déduction forfaitaire de 15 ou 10 % (35 % pour les revenus locatifs provenant d'immeubles neufs acquis depuis 1986).

Tous les loyers en sont pas cependant imposables dans la catégorie des revenus fonciers. Les loyers provenant de la location d'un immeuble inscrit à l'actif du bilan d'une entreprise sont imposés en tant que bénéfice industriels et commerciaux en raison de la force d'attraction exercée par cette catégorie de bénéfices. Les revenus des locaux loués en meublés ou tout équipés sont aussi taxés comme des bénéfices industriels et commerciaux. Quant aux revenus provenant d'une sous-location ils relèvent en tant que revenus de services de la catégorie des bénéfices non commerciaux.

Cf. Investissement, Plus-values.

REVENU IMPOSABLE

Le revenu imposable n'est défini dans aucune législation fiscale. Le fisc y trouve avantage puisqu'il évite de s'enfermer dans le cadre d'une réglementation trop stricte qui pourrait être tournée par les contribuables. Mais cette facilité est aussi source de conflits que le juge fiscal est souvent amené à trancher.

Notion floue à contenu variable, le revenu imposable est un revenu au sens large et économique du terme, un revenu net, un revenu réalisé.

Un revenu au sens large

Le revenu étymologiquement c'est ce qui revient : c'est donc un produit. Ainsi le droit civil définit le revenu comme *le fruit périodique d'une source durable.* Cette définition stricte a le mérite de la clarté, de plus elle permet de distinguer nettement le revenu du capital qui constitue, avec l'activité du contribuable, l'une des sources du revenu. Adoptée par le législateur lors de l'institution de l'impôt sur le revenu, cette conception conduisait à exonérer d'impôt tous les gains non périodiques, regardés comme des gains en capital. Donc il suffisait au contribuable de transformer ses revenus périodiques en gains périodiques pour échapper à l'impôt. Les dividendes convertis en distribution d'actions gratuites, les loyers en pas de porte, les salaires en gratifications exceptionnelles tendaient, comme par miracle, à s'évanouir devant l'impôt. L'administration, pour tenter de stopper l'hémorragie se lançait dans des procès d'intentions, discutant par exemple, devant le juge, afin de prouver que les gains d'une femme entretenue sont des revenus périodiques. De plus, en ignorant totalement les gains en capital, le fisc risquait d'introduire des distorsions graves entre les entreprises dans une économie devenue de plus en plus capitalistique. Enfin, la notion stricte de revenu tendait à être abandonnée par les économistes car sa subjectivité rendait difficiles les calculs macro-économiques.

Les nécessités budgétaires convergeaient donc avec celles de la science économique pour faire adopter une notion large de revenu conçu comme *l'enrichissement net du sujet économique au cours d'une période donnée.*

Appliquée en matière fiscale, cette conception du revenu entraîne plusieurs conséquences.

D'abord elle conduit à comprendre dans l'enrichissement du contribuable, non seulement les gains résultant de son activité habituelle ou de la gestion courante de son patrimoine, mais encore sous certaines conditions et limites définies par le droit positif, les profits exceptionnels (gains de jeu ou de bourse) et les gains en capital provenant de cessions d'éléments patrimoniaux. Seul échappe alors à l'impôt sur le revenu, l'enrichissement provenant d'une succession ou d'une donation qui est soumise au droit de mutation à titre gratuit.

Ensuite, elle amène à inclure dans le revenu imposable, non seulement le gain régulier ou exceptionnel, acquis ou payé en argent, mais aussi le *revenu non monétaire*, tels que les avantages en nature fournis au contribuable par son employeur (logement, nourriture) ou l'autoconsommation familiale. Cependant, la prise en compte de ces revenus reste limitée car leur évaluation pose de délicats problèmes.

Enfin, du point de vue technique, elle implique l'existence d'une catégorie « revenus divers » parmi les catégories de revenus imposables afin d'inclure dans le champ d'application de l'impôt les revenus non expressément définis par la loi fiscale.

Pourtant la logique de la notion large du revenu a, en revanche, un bon côté pour les contribuables car elle conduit à une prise en considération plus exacte des charges déductibles du revenu.

Un revenu net, un revenu réalisé

Le revenu imposable est obtenu en déduisant du montant du revenu tel qu'il est réalisé ou perçu, l'ensemble des coûts, frais ou charges supportés pour l'acquisition ou la conservation de ce revenu : c'est un *revenu net.*

La déduction des charges professionnelles ou assimilées ne pose pas de problèmes de principe, mais seulement de contrôle. En revanche, la déduction des dépenses qui tendent à assurer la maintenance de la source du revenu ne s'opère que de façon restrictive, surtout lorsque la source de revenus est constituée par la mise en œuvre d'un capital humain. Celui-ci exige la réalisation de dépenses de prévoyance et d'amortissement qui ne sont que parcimonieusement prises en compte par le fisc. La déduction des primes d'assurance-vie ou celle des sommes consacrées à la constitution d'un patrimoine mobilier sont admises dans la plupart des pays. Elles permettent la constitution d'un minimum d'épargne indispensable. En revanche, la déduction de la partie des frais médicaux non remboursés par la sécurité sociale ou celle d'une fraction des frais de logement est plus rarement admise. C'est regrettable car ces dépenses contribuent au maintien de ce potentiel productif primordial qu'est le capital humain.

Enfin, le revenu imposable est un *revenu réalisé.* En matière de bénéfices industriels et commerciaux, la réalisation résulte de la seule livraison des biens ou de l'exécution de la prestation de service qui est la source du revenu. Pour les autres catégories de revenu, la réalisation coïncide avec la disponibilité du revenu par voie de paiement en espèces, en chèque ou par inscription au crédit d'un compte.

Le principe selon lequel le revenu imposable est un revenu réalisé exclut, même en matière commerciale, l'imposition des plus-values latentes. Sauf en fin d'exploitation, lors de la révision libre des bilans ou en matière de gestion d'un portefeuille-titres, la plus-value d'actif n'est imposable que si elle a été constatée par la cession du bien considéré.

Cf. Amortissement, Assiette, Impôt sur le revenu.

SALAIRES

Les salaires, encore appelés traitements, appointements, solde ou gages selon les catégories professionnelles, sont constitués par les rémunérations perçues par ceux qui se trouvent, en vertu d'un contrat ou d'un statut, dans un état de subordination ou d'étroite dépendance vis-à-vis de la personne qui les rémunère.

L'état de subordination juridique qui caractérise le contrat de travail sert donc de critère à la qualification fiscale des salaires qui jouent un rôle important dans la fiscalité moderne. En effet, les salaires constituent d'abord la plus plus grande partie de l'assiette de l'impôt sur le revenu (les 2/3 environ), mais ils servent aussi de base à plusieurs taxes, enfin, en tant que frais de personnel, ils représentent une des principales charge déductibles du bénéfice de l'entreprise.

Dans *l'impôt sur le revenu,* la catégorie des traitements et salaires regroupe, outre les rémunérations salariales proprement dites, celles qui sont perçues par les représentants de commerce, les travailleurs à domicile et certains dirigeants de sociétés (présidents-directeurs généraux de sociétés anonymes, gérant de magasins à succursales multiples, gérants minoritaires de SARL). De plus, les agents d'assurances, les auteurs et compositeurs qui relèvent en principe du régime des bénéfices non commerciaux, peuvent opter pour le régime fiscal des salariés.

Celui-ci est relativement favorable du fait que ces rémunérations bénéficient, en plus de la déduction des frais professionnels, d'une réfaction de 20 % qui se justifie par la relative précarité de leur situation économique des salariés et l'impossibilité dans laquelle ils se trouvent de dissimuler leurs revenus déclarés par les employeurs. Cette réfaction n'est cependant plus le privilège des salariés puisqu'elle a été étendue aux bénéfices des professions indépendantes dont les membres adhèrent à un centre ou une association de gestion agréé.

Les frais professionnels sont déductibles soit forfaitairement, soit pour leur montant réel. La déduction forfaitaire est de 10 % des salaires perçus. Mais certaines catégories de salariés bénéficient d'une déduction forfaitaire supplémentaire qui s'ajoute à la précédente. Cette faveur fiscale, souvent dénoncée mais difficile à remettre en cause, est accordée notamment aux artistes, écrivains et compositeurs (25 %), aux représentants de commerce (30 %), journalistes (30 %), personnel navigant de l'aviation marchande (30 %), agents des assemblées parlementaires (20 %). Toutefois, afin de ne pas trop favoriser les contribuables à revenus élevés, ces déductions forfaitaires sont plafonnées à 57.840 F en 1986, pour la déduction de 10 % et à 50.000 F pour les déductions supplémentaires.

Les pensions et rentes viagères sont soumises au régime fiscal des salaires : elles bénéficient de la déduction forfaitaire de 10 % (plafonnée à 24.400 F en 1986) et de la réfaction de 20 % (sauf les rentes viagères à titre onéreux).

Outre les cotisations sociales et les contributions diverses telle que la contribution de solidarité mise à la charge des agents de l'administration, les *salaires servent de base à plusieurs taxes.*

La *taxe sur les salaires* est la principale de ces taxes. Elle est due seulement par les employeurs dont les activités ne sont pas soumises à la TVA (banques, compagnies d'assurances, professions médicales). Les exploitants agricoles et les collectivités publiques en sont exonérés. Elle s'applique sur le montant brut des salaires à un taux qui varie de 4,25 % à 13,60 %.

Une *taxe d'apprentissage* égale à 0,50 % des salaires brut est aussi due par toutes les entreprises industrielles, commerciales ou artisanales. Le montant de cette taxe peut être directement affecté par l'entreprise au financement de l'enseignement professionnel. La formation professionnelle continue est financée, de son côté, par une participation obligatoire des entreprises privées qui emploient plus de dix salariés. Cette participation est égale à 1,40 % du montant des salaires bruts.

Enfin, les salaires bruts servent de base à *l'investissement obligatoire dans la construction,* auquel sont astreints les employeurs qui occupent au moins dix salariés. Ceux-ci sont tenus d'investir, chaque année, directement ou indirectement 0,77 % de la masse salariale. S'ils ne satisfont pas à cette obligation dans l'année qui suit celle du paiement des salaires, ils seront assujettis à une taxe de 2 % des mêmes bases.

Cette accumulation de prélèvements obligatoires sur les salaires risque de décourager l'embauche surtout pour les catégories de travailleurs dont le salaire est trop modeste pour permettre une répercussion intégrale de ces taxes.

Les *charges salariales* sont déductibles du bénéfice de l'entreprise. Mais la question se pose de savoir si les *rémunérations des dirigeants d'entreprises* sont déductibles du profit et si elles peuvent être assimilées à des salaires. Il existe de ce point de vue trois grands types de régime :

— les rémunérations des présidents-directeurs généraux de sociétés anonymes et celles des gérants minoritaires ou non associés de SARL sont déductibles et considérées comme des salaires ;

— les rémunérations des gérants majoritaires de SARL ainsi que celles des dirigeants et associés des autres sociétés imposables à l'impôt sur les sociétés (sociétés en commandite par actions, sociétés de personnes ayant opté pour l'impôt sur les sociétés, entreprises unipersonnelles soumises à l'impôt sur les sociétés) sont déductibles du profit social, mais elles ne bénéficient pas du régime fiscal des salaires (CGI, art. 62) ;

— enfin, les rémunérations des exploitants individuels, des membres de sociétés non soumises à l'impôt sur les sociétés (sociétés en nom collectif, entreprises unipersonnelles) ne sont pas déductibles du bénéfice imposable et sont imposés comme des profits dans la catégorie de revenus qui correspond aux activités de la société.

Cette inégalité de régime fiscal, difficile à justifier, a incité les commerçants à « se mettre en société » uniquement pour bénéficier des avantages fiscaux et sociaux attachés aux salaires. Il aurait été plus judicieux d'admettre pour les dirigeants propriétaires quels qu'ils soient, la notion de « *salaire fiscal* ». Cette expression, d'ailleurs impropre, correspond en effet à une réalité économique. Le profit, au sens large, inclut notamment la rémunération du chef d'entreprise pour ses fonctions de direction ou d'exécution. Il serait donc normal qu'une fraction du profit soit, en tout état de cause, soumise au régime fiscal des salaires.

L'extension de l'abattement de 20 % aux membres des centres de gestion agréés, l'institution des sociétés unipersonnelles tendent à atténuer cette disparité de traitement fiscal entre les différentes catégories de dirigeants. Cependant, le conjoint de l'exploitant individuel reste pénalisé lorsque les époux sont mariés sous le régime de la communauté.

Cf. Bénéfice d'exploitation, Centres de gestion agréés, Emploi, Impôt sur le revenu.

SEXE

Peut-on imaginer une encyclopédie, si modestes soient ses ambitions, sans le mot sexe ? Mais attention aux frustrations car la discipline fiscale est austère.

En tant qu'état le sexe n'intéresse que médiocrement l'impôt. Certes, dans les systèmes d'impôt de capitation, le montant de la taxe pouvait varier avec le sexe des individus, mais ce type d'imposition a pratiquement disparu. En matière d'impôt sur le revenu, longtemps la femme mariée a eu un statut subalterne, le mari, chef de famille, étant seul autorisé à déclarer les revenus et à payer l'impôt du ménage. Depuis 1983, l'épouse a retrouvé sa dignité fiscale puisqu'elle co-signe la déclaration et assume la responsabilité solidaire du paiement de l'imposition.

Reste l'influence du sexe sur les comportements fiscaux. Les femmes seraient meilleures contribuables que les hommes. Une certaine prudence, un plus grand respect pour l'ordre établi, le sens des réalités concrètes et du dialogue faciliteraient leurs rapports avec l'administration fiscale. Hélas ! Il semble bien qu'il en soit de l'impôt comme de l'auto. Les femmes conduisaient mieux que les hommes lorsqu'elles ne conduisaient pas. Les femmes payaient mieux l'impôt que les hommes lorsqu'elles laissaient ce soin à leur mari.

Les fonctionnaires féminins des impôts auraient-ils (elles), un comportement différent de leurs homologues masculins ? En particulier, les vérificatrices seraient-elles plus sévères que les vérificateurs ? Placées dans les mêmes conditions que les hommes, les femmes tendent à réagir de façon similaire. Mais dans l'affrontement avec le monde essentiellement masculin des affaires, l'inspectrice se trouve-t-elle dans une situation vraiment similaire à celle de l'inspecteur ? On peut en douter.

La sexualité, en tant qu'activité, peut constituer une source de recettes que l'Etat ne néglige pas. Certes cela n'intéresse que l'activité sexuelle vénale, voire commerciale, mais celle-ci peut être passible, à ce titre, d'impositions diverses. Cela ne doit pas choquer et point n'est besoin d'invoquer notre moderne principe de réalisme du droit fiscal. « Déjà dans la Grèce de Solon des fonctionnaires des contributions, les pornotropois, étaient chargés de la surveillance et surtout de la taxation des établissements dans lesquels se déroulait la prostitution » (F. Labie). Aujourd'hui, ce n'est pas seulement la prostitution, mais toutes les activités à caractère pornographique qui font l'objet de la vigilence du fisc.

Ainsi, les films, spectacles et publications pornographiques font l'objet, comme ceux qui incitent à la violence, d'une imposition à la TVA au taux majoré de 33 1/3 %. La distinction de l'érotisme et de la pornographie n'est pas toujours facile. Aussi des arrêtés de classement pris par le ministre de la culture guident la main du fisc. Celle-ci est lourde d'ailleurs puisqu'en matière de films non seulement les droits d'entrée, mais aussi les cessions de droits entre producteurs et distributeurs sont taxées au taux majoré.

La prostitution représente un chiffre d'affaires de plus de 10 milliards de francs par an. Ces sommes bénéficient, en partie, aux personnes qui se livrent, ou sont livrées, à la prostitution et, pour l'essentiel, à celles qui favorisent cette activité, les proxénètes.

Il est difficile pour le fisc d'appréhender ces revenus clandestins. Quand il y parvient, cela pose souvent de délicats problèmes de qualification fiscale et d'évaluation. Il s'agit pratiquement toujours d'une évaluation d'office, dans laquelle le recours aux signes extérieurs de richesse peut être d'un grand secours. Mais les modalités de détermination du revenu imposable dépendent aussi de la qualification des revenus. Ceux des prostituées sont regardés comme des bénéfices de profession libérale. En effet, la profession libérale consiste en la pratique personnelle d'une science ou d'un art que l'intéressé exerce en toute indépendance (F. Alcade). En dépit de la satisfaction d'amour-propre que les prostituées pourraient tirer du fait que leurs revenus sont taxés dans la même catagorie que leur notaire ou leur confesseur, (les ministres du culte sont imposés, comme les professions libérales, dans la catégorie des bénéfices non commerciaux), cette qualification fiscale ne leur est pas favorable. Seules les dépenses directement liées à l'exercice de la profession sont déductibles dans cette catégorie de revenu et l'administration a une notion particulièrement stricte des dépenses professionnelles des prostituées. Comparativement, les proxénètes, qui sont imposés dans la catégorie des bénéfices industriels et commerciaux seraient mieux traités s'ils n'étaient, en outre, redevables de la TVA.

En définitive, à une époque où dans certains Etats américains les prostituées acceptent les paiements par cartes de crédit, il paraît possible d'envisager un statut fiscal de la prostitution. Peut-être serait-ce un moyen d'introduire un peu de justice dans un domaine où elle ne s'aventure guère que pour punir.

Lecture

— F. Labie, *Sexualité et fiscalité,* Annales de l'Université des sciences sociales de Toulouse, 1985, p. 73 et s.

Cf. Contrôle fiscal, Impôt sur le revenu, Sociologie fiscale, TVA.

SILHOUETTE, Etienne de
(1709-1767)

Les fonctions de ministre des Finances sont périlleuses ; Semblançay y laissa sa tête, Jacques Cœur sa patrie, Fouquet sa liberté, Caillaux sa carrière et Silhouette son nom.

Chancelier du duc d'Orléans, Etienne de Silhouette fut nommé, en 1759, contrôleur général des Finances grâce à la faveur de la Pompadour. Prenant son rôle au sérieux, il voulut, afin de pallier les difficultés financières entraînées par la guerre de Sept Ans, lutter contre les privilèges. Il tenta de réduire les pensions et de prélever, pour la troisième fois depuis 1749 un impôt général, du *vingtième* du revenu, perçu sans privilège, ni abonnement. Les privilégiés, au premier rang desquels les nobles et les parlements, se liguèrent. Silhouette dut quitter le ministère. Par dérision on désigna de son nom des habits sans plis ou sans gousset, on le représenta en quelques traits vengeurs, le mot « silhouette » naissait que l'Académie accepta en 1835. Ainsi, le nom de l'un de ceux qui avait voulu lutter contre les privilèges fiscaux allait désigner, des ombres, des formes, des apparences sans réalité. La leçon fut entendue et bien peu de ministres après lui s'y hasarderont.

Cf. Egalité, Résistance à l'impôt.

SMITH, Adam
(1723-1790)

« Le père de l'économie politique » ne peut être ignoré du fiscaliste. Non parce qu'il termina sa vie comme commissaire des Douanes et Gabelles d'Edimbourg, mais parce qu'il formula les quatre règles : *equality*, *certainty*, *convenience* and *economy*, qui constituent, aujourd'hui encore, le fondement des systèmes fiscaux.

Première maxime : l'égalité. « Les sujets d'un Etat doivent contribuer au soutien du gouvernement, chacun, le plus possible, en proportion de ses facultés, c'est-à-dire en proportion du revenu dont il jouit sous la protection de l'Etat. »

Deuxième maxime : la certitude. « La taxe ou portion d'impôt que chaque individu est tenu de payer doit être certaine, et non arbitraire. L'époque du paiement, le mode du paiement, la quantité à payer, tout cela doit être clair et précis, tant pour le contribuable qu'aux yeux de toute autre personne. »

Troisième maxime : la commodité. « Tout impôt doit être perçu à l'époque et selon le mode que l'on peut présumer les plus commodes pour le contribuable. »

Quatrième maxime : l'économie. « Tout impôt doit être conçu de manière qu'il fasse sortir des mains du peuple le moins d'argent possible au-delà de ce qui entre dans le Trésor de l'Etat, et en même temps qu'il tienne le moins longtemps possible cet argent hors des mains du peuple avant d'entrer dans ce Trésor. »

En formulant, dans son « Essai sur la richesse des nations » (1776), ces quatre principes en préambule à l'étude économique des impôts. A. Smith n'innovait pas. Il ne faisait que reprendre des thèmes largement répandus chez les Physiocrates et les Philosophes du XVIIIe. Mais Smith est « The right man on the right place ». Son esprit de synthèse, sa prudence innée lui permettent, en fiscalité comme en économie, d'indiquer « à la nation que faire et comment ». Si ces propos sont encore entendus de nos jours, c'est qu'aux delà de la mouvante science, ils parviennent à la sagesse.

Lecture

— A. Smith, *Recherche sur la nature et les causes de la richesse des nations* — Les grands thèmes — Idées, Gallimard, Paris, 1976.

Cf. Impôt, Doctrines fiscales.

SOCIÉTÉS SAVANTES FISCALES ET FINANCIÈRES

Dans la mesure où il constitue un phénomène social susceptible d'être étudié scientifiquement, l'impôt a suscité l'apparition de sociétés savantes.

Fondée en 1938 à l'initiative de Mitchell B. Caroll, l'« International Fiscal Association » (IFA) regroupe désormais les fiscalistes de trente-cinq pays.

Elle a pour but l'étude de la fiscalité internationale et comparée sous ses divers aspects juridiques, économiques et financiers. Chacun de ses congrès annuels est l'occasion de la publication des « *Cahiers de droit fiscal international* » qui constituent une source précieuse d'information sur les problèmes les plus actuels des relations fiscales internationales. L'IFA qui entretient avec les administrations fiscales de chaque pays des rapports étroits et confiants, joue un rôle non négligeable dans l'harmonisation des législations nationales. De plus, son *Bureau international de documentation* fiscale, établi à Amsterdam, offre des moyens uniques de recherche en matière fiscale.

Même si l'on peut regretter que parfois l'actualité des sujets abordés tende à privilégier la technique aux dépens de la réflexion fondamentale, l'association fiscale internationale figure parmi les institutions qui contribuent à l'amélioration de l'impôt.

Moins étroitement spécialisé que la précédente, l'*Institut international de Finances publiques*, fondé en 1937 à Paris, fait une large place à l'impôt qu'il examine notamment sous ses aspects économiques. L'originalité de l'IIFP, qui rassemble surtout des universitaires, est l'importante représentation parmi ses membres des pays socialistes et des pays en voie de développement. Ainsi, chaque congrès annuel de l'Institut est l'occasion d'échanges fructueux entre des experts de systèmes financiers publics très différents et qui souvent s'ignorent.

Enfin, sur le plan national, le regain d'intérêt que connaît, depuis quelques années, la science financière a été l'origine de la création d'une *Société française de droit fiscal* et d'une *Société française de finances publiques* qui, en resserrant les liens qui unissent l'Université et les praticiens entendent approfondir la réflexion sur l'impôt et les budgets publics.

Cf. Droit fiscal.

SOCIOLOGIE FISCALE

La sociologie fiscale a pour objet d'étudier, d'une part, les relations entre l'impôt et les phénomènes sociaux et, d'autre part, les aspects psychologiques des rapports du fisc avec les contribuables.

Dans le premier cas il s'agira d'abord d'examiner les représentations collectives de l'impôt, ses liens avec les idées de justice, d'égalité, de liberté ainsi que les mythes et illusions fiscales. On pourra aussi, dans une optique de science politique, rechercher les forces réelles tels les groupes de pression qui influencent un système fiscal ou, dans une vision plus anthropologique, décrire l'évolution de l'impôt en rapport avec les changements séculaires qui affectent les structures socio-politiques.

Ce type d'analyse n'est pas sans danger. Elle risque de déboucher sur des généralisations, quelquefois abusives, de considérations subjectives. Les idéologies les plus sommaires peuvent y foisonner : mentalités des peuples, primauté du développement économique, retour à l'âge d'or, idolâtrie ou rejet de l'Etat, etc. Mais ces travers, qui ne sont pas propres à la sociologie fiscale, ne devraient pas détourner l'étude scientifique, ou tout au moins désintéressée, de ce qu'on peut appeler la *macrosociologie fiscale*. En effet, les représentations collectives, dont la base est souvent affective, voire passionnelle, ont des conséquences immédiates et pratiques. Leur méconnaissance conduit souvent, en matière fiscale comme en d'autres, à l'échec.

La *microsociologie fiscale*, qui traite des réactions individuelles face à l'impôt doit se garder, qu'il s'agisse de la psychologie du fisc ou de celle du contribuable, de dégénérer en pseudo-psychologie du sens commun. Mais il y a quelque paradoxe, à une époque où l'on ne cesse de « sonder » l'opinion sur les sujets les plus divers et les plus dérisoires, qu'on ne prête pas plus d'attention à la façon dont réagissent les redevables face à l'obligation fiscale. J. Dubergé, pionner dans cette matière, a montré que « l'apport de la psychologie sociale à la fiscalité est à la fois possible et fécond, donc pleinement légitime ». Mais « il est indispensable que le psychosociologue ait une connaissance suffisamment sérieuse des problèmes fiscaux pour ne pas rebuter un fiscaliste et que ce dernier ait une formation psychologique suffisante pour ne pas choquer un technicien de la psychologie sociale » (J. Dubergé).

Dans le domaine de l'impôt, comme dans tous ceux de la vie sociale, les représentations collectives et individuelles constituent des données objectives au même titre que les faits matériels. Comme eux, elles peuvent s'avérer têtues. Les ignorer c'est tourner le dos à la réalité.

Lecture

— F. Ardant, *Théorie sociologique de l'impôt*, SEVPEN, Paris, 1965.
— J. Dubergé, *Sociologie de l'impôt*, Encyclopédie Universalis, tome VIII, p. 758 ainsi que ses articles dans la Revue Française de Finances Publiques (n° 1, 5 et 15) et surtout son traité *La Psychologie sociale de l'impôt*, à paraître à la LGDJ.
— J.-C. Ducros, *Sociologie financière*, Thémis, PUF, Paris, 1982.
— G. Schmölders, *Psychologie des finances et de l'impôt*, PUF, Paris, trad. 1973.

Cf. Administration fiscale, Ardant (G.), Contribuable, Consentement à l'impôt, Egalité, Fraude fiscale, Inspecteur des impôts, Réformes fiscales, Résistance à l'impôt, Sexe.

SYSTÈMES FISCAUX

L'expression système fiscal désigne l'ensemble des impôts institués dans un Etat. Ainsi on a pu dire que les « systèmes fiscaux sont des constellations dont les impôts sont les étoiles » (M. Duverger). Constellation ou nébuleuse, la notion de système fiscal fait référence à une pluralité d'impôts, plus ou moins organisés pour former un ensemble.

En théorie, un système fiscal constitué d'un seul impôt est concevable. En pratique, un tel système n'existe pas et l'impôt unique fait partie de ces utopies fiscales qui, sous des formes à peine différentes, se perpétuant de siècles en siècles.

En fait, les *systèmes fiscaux sont composites*. Ils comprennent généralement des impôts sur le revenu, sur la dépense et sur le capital. La pluralité d'impôts, grâce aux possibilités de compensation qu'elle offre, sauvegarde la justice (« impôt unique, impôt inique ») en même temps qu'elle accroît l'efficacité et la souplesse de la politique fiscale. En outre, la diversité des prélèvements facilite l'acceptation de l'impôt dans la mesure où elle permet d'éviter les taux spoliateurs et banalise l'obligation fiscale.

Mais, la notion de système fiscal suppose aussi un *ensemble organisé d'impôts*. Certes, les systèmes fiscaux sont loin de constituer des constructions purement rationnelles, mais ils obéissent à une certaine logique de la nécessité qui leur donne une cohérence suffisante pour qu'ils puissent être considérés comme des systèmes au sens cybernétique du terme.

Cette conception systémique de l'impôt signifie d'abord que tous les éléments de l'ensemble constitué par un système fiscal sont en relations dynamiques entre eux. Autrement dit toute modification qui affecte un impôt rétroagit sur les autres impôts et modifie l'équilibre d'ensemble du système. C'est dire la difficulté de toute politique fiscale. Veut-on rééquilibrer l'imposition des revenus en France en y soumettant un plus grand nombre de petits revenus ? Il faudra alors réaménager l'imposition sur la dépense, les cotisations sociales et les impôts locaux sur les ménages qui pèsent plus lourdement sur les revenus modestes. Autant dire que ce simple aménagement d'un impôt au rendement limité conduit à une réforme de l'ensemble de notre système fiscal.

Le recours à la théorie des systèmes conduit aussi à considérer le système fiscal comme un sous-ensemble du système socio-économique dans lequel il s'insère. Ainsi sera-t-il possible d'établir une *typologie des systèmes fiscaux* fondée sur le niveau de développement économique et le degré de l'intervention étatique dans les différentes pays. On pourra alors distinguer entre les systèmes fiscaux des pays industrialisés, ceux des pays en développement et ceux des pays socialistes.

Les *systèmes fiscaux des pays industrialisés* se caractérisent par leur haut rendement fiscal (environ 40 % du PIB), leur structure équilibrée et leur administration complexe et efficace.

Les *systèmes fiscaux des pays en développement* constituent en quelque sorte le négatif des précédents. Leur rendement est faible (environ 20 % du PIB), leur structure déséquilibrée (poids excessif des impôts sur la dépense) et leur administration défectueuse.

Enfin, les *systèmes fiscaux des pays socialistes* sont marqués par les caractères de l'économie collectiviste qui postule l'appropriation publique des moyens de production et la planification des activités économiques. La place de l'impôt dans ces pays dépend du degré d'autonomie laissée aux unités de production. Quant à la structure fiscale, elle est tributaire des fonctions assignées à l'impôt. En général, du fait de leur grand souplesse, les taxes sur le chiffre d'affaires tendent à l'emporter. Enfin, l'administration de la fiscalité socialiste se trouve beaucoup simplifiée du fait de l'omniprésence de l'administration, de la centralisation de l'économie et aussi, il faut bien le dire, du caractère relativement marginal de l'impôt, tout au moins pour les particuliers.

Conduite en termes systémiques, l'analyse du fait fiscal permet de distinguer quatre champs d'étude : le normatif, l'organisationnel, l'économique et le psychologique. En tant qu'*ensemble normatif*, le système fiscal constitue un sous-ensemble du système juridique national. Il ne saurait donc y avoir d'autonomie du droit fiscal et la fonction d'interprétation du juge y joue a priori un rôle aussi important que dans les autres branches du droit. L'examen du *champ organisationnel* de l'impôt permet de mettre en évidence l'importance des considérations politico-administratives dans l'élaboration et la mise en œuvre des normes fiscales. La nature économique de l'impôt, sa place dans l'économie nationale, font du système fiscal un élément essentiel du *système économique*. Mais l'équilibre de ce dernier peut être profondément affecté par des *facteurs psycho-sociologiques* qui jouent un rôle fondamental dans le sous-ensemble fiscal dont ils influencent la composition et les évolutions.

Cette analyse systémique fait apparaître le système fiscal comme un ensemble à la fois structuré et mouvant, constitué de sous-ensembles en partie hétorogènes mais qui sont, entre eux, en relations réciproques. Elle met en évidence le caractère éminemment pluri-disciplinaire de l'étude du phénomène fiscal qui constitue le point de rencontre du droit, de l'économie, de la science administrative et de la psychologie sociale. Pratiquement elle devrait inciter le législateur à s'interroger, lors de toute réforme du système fiscal, non seulement sur l'insertion des nouvelles règles posées dans l'ensemble juridique existant, mais aussi sur la faisabilité administrative de la réforme, son impact socio-économique et son incidence psychosociologique. L'échec de la taxe professionnelle, le rejet de l'impôt sur la fortune, les difficultés rencontrées par l'imposition des plus-values qui constituent les grandes réformes de ces dix dernières années montrent à quel point l'appréhension globale du phénomène fiscal est nécessaire. Quant « aux faiseurs de systèmes », ils peuvent puiser dans cette approche des sujets de réflextion critique et pourquoi pas une source d'inspiration pour tenter de renouveler les présentations de la fiscalité.

Lecture

— P. Beltrame, *Les systèmes fiscaux*, Q.S.J., n° 1599, PUF, 2e éd. Paris, 1979.
— L. Mehl et P. Beltrame, *Science et techniques fiscales*, Thémis, PUF, Paris, 1984.

Cf. Classifications fiscales, Développement économique, Pays socialistes.

TARIF

Appliqué à la base d'imposition, le tarif de l'impôt permet de calculer le montant de l'impôt dû.

Le tarif est une notion complexe qui inclut les abattements pratiqués sur la base d'imposition, le ou les taux applicables et les majorations ou minorations d'impôt. L'impôt sur les successions offre un excellent exemple de la complexité de la notion de tarif : la base d'imposition est constituée par la fortune nette du défunt, mais la base taxable est diminuée d'un abattement applicable sur la part de chaque héritier, s'il y a des héritiers en ligne directe ou un conjoint survivant. Le taux progressif de l'impôt qui porte sur la part de chaque héritier dépend du degré de parenté. Enfin, l'impôt peut être réduit en fonction du nombre d'enfants à charge de chaque héritier.

L'élément essentiel du tarif est cependant le *taux de l'impôt*.

Dans le système de l'*impôt de répartition* où le montant global de l'impôt (contingent) est connu à l'avance, puis réparti ensuite entre les contribuables, le taux de l'impôt est secondaire puisqu'il résulte du rapport entre la masse d'impôt à répartir et la valeur totale des bases d'imposition. Dans le système de l'*impôt de quo-*

tité, au contraire, le taux de l'impôt est primordial puisqu'il est fixé à l'avance, tandis que le produit de l'impôt est seulement évalué de façon plus ou moins approximative. Dans les systèmes fiscaux modernes, le procédé de la répartition a pratiquement disparu. En effet, il est mal adapté aux impôts synthétiques dont la base d'imposition définie de manière comptable (revenu, chiffre d'affaires) est très fluctuante. De plus, il requiert en principe la proportionnalité de l'impôt par rapport à la base, alors que le système de la quotité permet d'aménager sans difficulté une progressivité du taux.

Donc, actuellement, tous les impôts sont des impôts de quotité et le taux de l'impôt, défini par le législateur, est un élément essentiel de l'imposition.

Le taux est *proportionnel* lorsqu'il constitue un pourcentage fixe de la base d'imposition. Tel est le cas de l'impôt sur les sociétés, par exemple, pour lequel l'impôt dû sera toujours égal à 45 % du bénéfice imposable, que celui-ci soit de 10.000 F ou de 1 million.

Le taux est dit *progressif* lorsqu'il croît plus vite que la base d'imposition. Ainsi pour une base d'imposition de 500 le taux sera par exemple de 5 %, pour une base d'imposition de 1000 de 15 %, etc.

La progressivité est généralement aménagée par *tranche*, c'est-à-dire que chaque élément du taux croissant n'atteint que la trache qu'il concerne. Pour obtenir le montant de l'impôt il faut totaliser les différents produits obtenus en multipliant chaque tranche par l'élément de taux correspondant.

Soit un barème ainsi fixé :

Tranches de revenu imposable	Taux	Impôt
0 à 20.000	5 %	1.000
20.000 à 40.000	10 %	2.000
40.000 à 80.000	20 %	8.000
		11.000

Ainsi pour un revenu de 80.000, le contribuable paye un impôt de 11.000. Le *taux moyen* d'imposition donné par le rapport entre l'impôt total et le montant total des bases d'imposition est de

$$\frac{11.000 \times 100}{80.000} = 13,75 \%$$

tandis que le *taux marginal* d'imposition est celui applicable à la dernière tranche de revenu, soit en l'occurrence 20 %. Il importe de bien distinguer ces deux taux car le contribuable a tendance à réagir en fonction du marginal qui est souvent sans commune mesure avec le taux moyen, toujours inférieur et souvent bien moindre.

La justification sociale du recours à la progressivité de l'impôt a été l'objet de vives controverses. Actuellement, même si elle n'est pas remise en cause, la progressivité est considérée par une grande partie de l'opinion comme inhibitrice, voire spoliatrice.

D'une manière générale, la tendance est à la décrue des taux d'imposition. Mais ce mouvement ne doit pas faire illusion. Le taux de l'impôt n'indique pas toujours le poids de l'impôt. D'abord, il faut distinguer le *taux légal* et le *taux réel*, le taux réel d'imposition sera plus élevé que le taux légal si ce dernier porte sur des prix taxes incluses. De plus, la complexité des tarifs d'impôts peut permettre de compenser une baisse du taux par une manipulation des autres éléments du tarif (abattements, réduction d'impôt). Enfin, une réduction effective du taux peut masquer une extension de l'assiette de l'impôt, si bien que le gain du contribuable sera réduit à néant.

En fait, comme l'avait souligné Louis Trotabas, les taux semblent obéir à une loi sociologique. Faible lorsque l'impôt est créé, le taux augmente avec la maturité de l'impôt, pour diminuer avec sa vieillesse. Si cette loi est vraie et si la tendance à la baisse des taux se poursuit, peut-être est-ce le signe d'une crise de la société fiscalisée.

Lecture

— P. Folliet, *Les tarifs d'impôt : Essai de mathématiques fiscales*, Payot, Lausanne, 1947.

Cf. Egalité, Impôt sur le revenu, Liquidation de l'impôt, Répercussion de l'impôt.

TAXE SUR LA VALEUR AJOUTÉE (TVA)

La taxe sur la valeur ajoutée est une taxe sur le chiffre d'affaires, appliquée à chaque stade du circuit économique et qui, par le jeu du mécanisme des paiements fractionnés et des déductions ne porte, en définitive, à chaque stade, que sur la valeur ajoutée par le redevable, du fait de son intervention, aux biens ou services qui font l'objet de son activité.

Née de la généralisation de la taxe unique à paiement fractionné, la TVA a été instituée, pour la première fois, en 1954 en France. Elle est l'œuvre des techniciens du ministère des Finances et notamment de Maurice Lauré qui, en 1953, en formula les règles essentielles. Cet impôt original, « la plus grande innovation fiscale du XXe siècle » (G. Egret), s'est rapidement répandu, La TVA est maintenant appliquée, sous des formes diverses, dans une trentaine de pays dans le monde.

L'efficacité et la neutralité de cette taxe expliquent sa rapide diffusion. Les qualités de la TVA découlent elles-mêmes de la nature mixte de cette taxe sur le chiffre d'affaires. En effet, la TVA, à l'instar d'une taxe cumulative, est perçue lors de chaque transaction qui affecte le produit ou le service, ce qui lui assure un bon rendement. Mais, grâce au système du paiement fractionné, elle est équivalente à une taxe unique appliquée sur le prix final du produit ou du service, ce qui lui confère sa neutralité vis-à-vis des circuits économiques.

C'est dans les pays de la Communauté économique européenne que la TVA est appliquée de la manière la plus parfaite. Son harmonisation dans ces pays a fait l'objet de nombreuses directives du conseil des Communautés. La sixième directive du 17 mars 1977 est la plus importante. A l'exception notable des taux, elle unifie les conditions d'application de la TVA dans la CEE.

Le champ d'application de la TVA

La TVA a une vocation hégémonique. Pour fonctionner de façon satisfaisante, elle doit s'appliquer à toutes les activités économiques et ne comporter que très peu d'exonération.

Ainsi la TVA en vigueur dans la CEE porte sur toutes les opérations effectuées à titre onéreux par un assujetti dans le cadre d'une activité économique quelconque. De cette définition il découle qu'à l'exception des opérations à titre purement gratuit et celles effectuées par des salariés ou des administrations publiques, l'ensemble des activités économiques relèvent, en principe, de la TVA. En outre, sont obligatoirement soumises à la TVA, afin de maintenir la neutralité de la taxe, les importations et les livraisons à soi-même qui sont les opérations qu'un assujetti effectue pour ses besoins propres ou pour ceux de son entreprise.

L'existence du droit à la déduction fait que la TVA est le seul impôt auquel il peut être financièrement intéressant d'être assujetti. D'où la possibilité donnée à certaines personnes d'opter pour l'assujettissement à la TVA. *L'option pour la TVA* permet à l'assujetti de déduire la taxe qui grève ses coûts ou d'en obtenir le remboursement. De plus, elle le dispense du paiement de la taxe sur les salaires. Enfin, les clients de l'assujetti pourront trouver avantage à cette option, s'ils peuvent eux-mêmes déduire la TVA qui rève leurs coûts. Ouvrent une faculté d'option : les opérations financières, les locations civiles de locaux nus à usage professionnel, les prestations juridiques ou artistiques.

Les *exonérations* rendent impossible la récupération de la taxe qui a grevé le prix de revient des produits ou services exonérés. Elles doivent donc être peu nombreuses. Sont notamment exonérées, pour des raisons socio-politiques, les activités médicales et paramédicales, enseignantes, artistiques ou sportives effectuées à titre libéral. Sont aussi exonérés les auteurs des « œuvres de l'esprit » (sauf les architectes).

Dans le *commerce international*, l'application du principe du « pays de destination » implique une détaxation de la TVA à l'exportation et une taxation à l'importation. L'exonération à l'exportation est équivalente à une imposition au taux zéro qui permet d'éliminer toute rémanence de taxe en autorisant l'exportateur à déduire la taxe qui a grevé ses coûts. Le principe du pays de destination est donc appliqué dans toute sa pureté, ce qui aboutit à égaliser la charge de TVA sur les produits nationaux et les produits importés. Ainsi se trouve réalisé l'objectif de neutralité fiscale dans les échanges internationaux que vise le traité de Rome. Ceci explique la généralisation et l'harmonisation rapides de la TVA dans la Communauté économique européenne.

La technique de la TVA

La TVA est un impôt complexe du fait que chaque assujetti a un droit à déduction.

Pour déterminer ce qu'il doit au Trésoir, l'assujetti applique le taux convenable à la base d'imposition, c'est-à-dire au montant des ventes ou des prestations qu'il a réalisées. Du montant de l'impôt ainsi calculé, l'assujetti déduit la TVA qui a grevé ses achats et les services à lui rendus. En principe, ce calcul s'effectue opération par opération lors du fait générateur de l'impôt. En pratique, dans la plupart des cas, il est effectué périodiquement, chaque mois ou chaque trimestre.

La logique de la TVA impliquerait l'existence d'un taux unique. En effet, la multiplicité des taux pose le problème de la délimitation du champ d'application des différents taux et elle perturbe les mécanismes de récupération des taxes. Cependant, dans la plupart des pays, il existe plusieurs taux de TVA. En France, depuis le 1er juillet 1982, on distingue entre un *taux super réduit* de 5,5 % (produits alimentaires ou agricoles), un *taux réduit* de 7 % (médicaments, livres, presse, hôtels de tourisme, transports de voyageurs, spectacles), un *taux majoré* de 33 1/3 % (automobiles, matériels audio-visuels, fourrures de luxe, tabacs, parfum, commerces ou représentations à caractère pornographique) et un *taux normal* de 18,6 % qui s'applique à toutes les opérations qui ne sont pas passibles de l'un des autres taux. La gradation des taux tend à instituer une certaine progressivité de la TVA. Mais la diversité des taux s'explique plutôt par des considérations financières. Un système de TVA à haut rendement, comme le système français, s'accommoderait mal d'un taux forcément élevé qui pèserait trop lourdement sur les produits de première nécessité.

Le taux d'imposition adéquat est appliqué sur la *base d'imposition* qui est constituée en règle générale par la valeur des livraisons et prestations taxables. Celle-ci correspond au prix réel que le vendeur ou le prestataire de services perçoit, c'est-à-dire le prix y compris tous les frais, mais les rabais exclus. Toutefois, l'assiette réelle de la TVA, qui est la valeur ajoutée, est bien plus réduite, puisque de la taxe qui grève ses ventes ou ses prestations le contribuable est autorisé à déduire celle incluse dans ses coûts. Ainsi, le mécanisme de la déduction de taxe apparaît comme le cœur de la TVA.

En principe, n'ouvrent droit à *déduction de taxe* que les biens et services acquis pour les besoins de l'exploitation et affectés exclusivement à ces besoins. Ainsi les taxes qui grèvent les frais de caractère personnel, les véhicules de transport de personnes sont exclues du droit à déduction. La déduction s'opère en retranchant de la taxe exigible au titre d'une période (le mois généralement), le montant de taxe déductible au titre de cette même période : c'est la règle de l'imputation. Pour l'application de ce droit à déduction seules les taxes régulièrement facturées sont prises en considération. Ceci permet à l'administration d'exercer un contrôle par recoupements. Mais le revers de la médaille est constitué par les circuits de fausses factures.

Le remboursement de taxe est prévu lorsque, au terme d'une année, le montant de taxe déductible excède le montant de taxe facturé par le redevable. La déduction de la TVA qui grève les investissements est libéralement admise puisque la taxe est déductible, pour son montant intégral, au titre du mois durant lequel l'immobilisation a été acquise. Mais cela pouvait conduire à des risques de distorsion ou d'évasion fiscale dans le cas où le redevable n'est assujetti à la TVA que pour une partie de ses activités ou lorsqu'il cède, peu de temps après son acquisition, le bien dont la taxe a été déduite. Aussi des mesures, assez complexes, de régularisation ont été prévues dans ces cas.

Enfin, des *régimes particuliers* de TVA sont appliqués aux petites entreprises, ainsi que dans l'agriculture et dans l'immobilier.

Lecture

— G. Egret, *La TVA*, Que sais-je ? n° 1748, PUF, Paris, 1978.
— Maurice Lauré, *La taxe sur la valeur ajoutée*, Sirey, Paris, 1953.
— J.-J. Philippe, *La taxe sur la valeur ajoutée*, Berger-Levrault, Paris, 1973.

Cf. Capital, Chiffre d'affaires, Douane, Fraude fiscale, Lauré, Progressivité.

TAXES ET REDEVANCES

Dans le droit financier classique les termes taxe et redevance désignent l'un et l'autre un prélèvement établi en contrepartie d'un service mis à la disposition ou rendu au redevable.

Certes le mot taxe, sous l'influence sans doute de l'anglais, désigne aujourd'hui souvent de véritables impôts : la taxe professionnelle, la taxe sur la valeur ajoutée, mais les taxes au sens strict, ou taxes administratives, subsistent et même se développent.

La taxe administrative et la redevance sont des prélèvements qui se situent à mi-chemin entre l'impôt et le prix.

Elles diffèrent de l'impôt en ce sens qu'elles ont l'une et l'autre une contrepartie directe, mais elles ne peuvent être assimilées à un prix car leur montant est fixé, indépendamment des lois du marché, par la loi ou le règlement qui en précise aussi les conditions de recouvrement souvent semblables à celles de l'impôt.

La distinction de la taxe par rapport à la redevance s'opère sur le fondement du *critère de l'équivalence* entre le montant du prélèvement et la valeur du service rendu.

La *taxe administrative* est instituée par la loi, elle est due même si le service mis à la disposition du redevable n'est pas en fait utilisé par lui et son montant n'est pas proportionnel au service fourni. Ainsi les droits d'inscription dans les universités constituent une taxe : il n'y a pas d'équivalent entre le montant encore relativement minime du droit perçu et le prix de l'enseignement délivré.

La *redevance* ou rémunération pour services rendus, établie par voie réglementaire, n'est due que si le service est effectivement utilisé et son montant est proportionnel à la valeur de la prestation fournie. Les péages d'autoroute, les redevances téléphoniques constituent ainsi des rémunérations pour services rendus.

Le montant de ces taxes et redevances perçues sans douleur et sans bruit n'est cependant pas négligeable : 27 milliards en 1984, soit autant que le montant de la taxe d'habitation qui fait l'objet de tant de réticences et de contentieux.

Cf. Impôt, Prélèvements obligatoires, Parafiscalité.

TERRITORIALITÉ DE L'IMPOT

Le principe de territorialité détermine le champ d'application de la loi fiscale dans l'espace. Chaque Etat édicte, pour chaque impôt, les limites territoriales de sa compétence fiscale ainsi que les conditions auxquelles elle s'exerce. Les règles de territorialité varient suivant le type d'impôt concerné, quant au territoire fiscal il ne se confond pas toujours avec le territoire national.

Pour les impôts de caractère *réel* qui concernent des biens facilement localisables ou un type d'activité déterminée, l'imposition est généralement établie dans l'Etat où les biens sont situés, l'activité exercée. C'est le principe de territorialité au sens strict. Ainsi les personnes morales sont imposables en France uniquement au titre des bénéfices réalisés en France.

Pour les impôts *personnels* et globaux du type de l'impôt sur le revenu, c'est habituellement le critère du lieu de résidence du contribuable qui est choisi. Dans ce cas l'imposition s'applique à l'ensemble des revenus du contribuable : on parle alors d'*obligation fiscale illimitée*. Ainsi, en France comme dans la plupart des autres pays, l'impôt sur le revenu s'applique à tous les revenus des personnes fiscalement domiciliées en France où que soit située la source de ces revenus.

Le *domicile fiscal* pris ici en considération est un domicile de fait qui résulte notamment de la durée du séjour dans le pays considéré (plus de six mois) et de la localisation des intérêts vitaux du contribuable.

Sous l'influence d'impératifs économiques (prise en compte des intérêts des groupes de sociétés), la tendance actuelle est d'adopter en matière d'impôt sur les sociétés, comme en matière d'impôt sur le revenu, une notion large de territorialité. Ainsi, sur agrément du ministre des finances, les multinationales françaises (Renault, Peugeot, Michelin, Saint-Gobain, Elf-Aquitaine) sont autorisées, par dérogation, au principe de territorialité, à établir leur résultat imposable en regroupant les résultats de tous leurs établissements et filiales en France et dans le monde. Ce régime dit du *bénéfice consolidé* évite la double imposition au sein du groupe puisque les impôts payés à l'étranger sont déduits de l'impôt sur les sociétés dû en France. De plus, il permet l'imputation sur le bénéfice global des déficits subis à l'étranger par les succursales et par les filiales, ce qui constitue un encouragement fiscal non négligeable à l'expansion internationale.

Le *territoire fiscal* d'un Etat ne coïncide pas toujours avec son territoire national. La loi fiscale peut, en effet, ne pas s'appliquer à la totalité du territoire national (zones franches, zones à statut fiscal dérogatoire). Ainsi, la loi fiscale française métropolitaine ne s'étend pas aux territoires d'outre-mer. Inversement, la loi fiscale peut s'appliquer à des territoires politiquement étrangers. La TVA française est, par exemple, applicable dans la principauté de Monaco.

Le droit fiscal n'est pas xénophobe ; la nationalité du contribuable n'y joue qu' rôle restreint. Le principe de territorialité tend à assimiler l'étranger au national. Mieux même, les détaxes profitent souvent aux étrangers : immunité fiscale des diplomates, détaxe de TVA en faveur des achats faits par les touristes étrangers. Le droit fiscal américain cependant fait exception dans la mesure où « l'allégeance politique et juridique y demeure fondamentale » (G. Gest).

Lecture

— P. Dibout, *La relativité du territoire fiscal français*, Droit fiscal, 1985, N° 1718.
— J.-P. Jarnevic, *Droit fiscal international*, Economica, Paris, 1986.
— G. Tixier et G. Gest, *Droit fiscal international*, PUF, Paris, 1985.
— B. Plagnet, *Droit fiscal international*, Litec, Paris, 1986.

Cf. Conventions internationales.

THIERS Adolphe,
(1797-1877)

Thiers est né conservateur : il le sera en toutes choses. Hostile au suffrage universel, il ne croit pas au chemin de fer et combattra toute sa vie l'impôt sur le revenu.

Pourtant, très tôt, Thiers s'était initié aux mystères du budget. Disciple du baron Louis, « esprit profond en finances », il restera toute sa vie le défenseur des « quatres vieilles » et des impôts indirects. Convaincu de l'importance de l'impôt, il s'oppose à tous ceux, libéraux purs ou socialistes anarchisants, qui veulent trop le limiter, voire le supprimer. « Tout ce qui est placé sous la protection sociale... lui doit une rétribution proportionnée » écrit-il dans « De la propriété ». Pour lui l'impôt n'est pas « la calamité publique » comme le disait, en 1862, un membre du Corps législatif, mais bien plutôt « la sécurité publique ». Pourtant ce souci très bourgeois de la sécurité ne le conduit à prôner comme certains capitalistes libéraux (Hubert Germain, Casimir Périer) l'institution de l'impôt sur le revenu. Pour Thiers, les contributions de la Constituante, « créées par des hommes libres, conviennent à la liberté » (R. Schnerb). L'impôt sur le revenu serait un « impôt de discorde », une ressource toujours dans la main du plus fort contre le plus faible. En un mot, « l'impôt sur le revenu, c'est le socialisme par l'impôt ». Qu'on ne vienne pas objecter à Thiers, l'« income-tax » introduit, dès 1842, par le tory Peel. « La société française et la société anglaise sont différentes » dira-t-il. Quant à la nécessité de faire des réformes fiscales « pour donner aux classes qui possèdent et qui dirigent légitimement la société le droit de demander aux autres des sacrifices » (H. Germain), Thiers n'y croit pas. Pour lui, « il faut être attentif aux grands courants de l'opinion, non pas pour y céder aveuglément, mais pour rester capable de les diriger et de les contenir ». D'ailleurs, le système des « quatre vieilles » qu'on voudrait abattre n'est-il pas « l'œuvre la plus laborieuse, la plus intelligente, la plus équitable de la Révolution française ? ».

Le conservatisme fiscal de l'homme d'Etat qui domina la vie politique française du XIXe siècle a pesé lourd sur l'évolution économique et sociale de notre pays. En faisant la politique fiscale des propriétaires immobiliers, Thiers leur assurait la jouissance paisible de leurs biens, mais il brisait pour longtemps, en France, le ressort de la dynamique capitaliste.

Lecture

— R. Schnerb, *La politique fiscale de Thiers*, in « Deux siècles de fiscalité française », Mouton, Paris, 1973.
— A. Thiers, *De la propriété*.

Cf. Doctrines fiscales, Impôt, Impôts locaux, Impôt sur le revenu.

TROTABAS, Louis (1898-1985)

Il est difficile de traiter du droit fiscal au XXe siècle sans évoquer la pensée de Louis Trotabas qui, par son enseignement et ses écrits, est à l'origine du renouveau de cette branche du droit.

Celui qui fut professeur à Nancy, avant de devenir « le maître d'Aix-en-Provence » et le doyen-fondateur de la faculté de droit de Nice, s'est fait, dès le début de sa carrière, « l'apôtre de l'autonomie du droit fiscal » (M. Cozian).

« Au regard des autres branches du droit public comme au regard du droit privé, la loi fiscale possède son indépendance qui lui permet d'établir ses propres règles ; le droit fiscal comme « charbonnier » est maître chez lui. » (L. Trotabas).

Cette notion qui fait encore l'objet de controverses, concept fondamental pour les uns, alibi de la facilité et du recul du droit pour les autres, doit pour être comprise replacée dans le contexte qui l'a vu naître. Lorsqu'en 1928, dans son « Essai sur le droit fiscal », Louis Trotabas proclame l'autonomie du droit fiscal, il est animé d'un double souci. Souci, d'abord, d'aider le droit à accoucher d'une discipline juridique nouvelle, comme l'a si lumineusement montré Georges Vedel. Souci, ensuite, de réagir contre l'intrusion de l'Etat et de l'économique dans la vie quotidienne des citoyens. En effet, l'impôt sur le revenu s'est substitué aux anciens impôts indiciaires. Avec lui les déclarations et les contrôles apparaissent. L'économie qui, jusque là n'affectait directement que le droit des affaires, s'introduit désormais dans les moindres actes de gestion des particuliers, dans leurs moindres motivations. Louis Trotabas est un libéral. Il est attaché aux séparations tranchées, aux clivages nets : droit privé, droit public ; finances privées, finances publiques, qui lui paraissent garantir d'une certaine façon la protection de l'individu et de la propriété privée (cf. Introduction au Précis de science et législation financières). Or l'impôt est un prélèvement sur la propriété privée opéré par l'Etat qui exige la collaboration des parties en cause sous l'égide du droit. Afin d'éviter une sournoise interpénétration du public et du privé, une sorte de socialisation larvée, il est indispensable d'établir la spécificité, l'autonomie, de cet « ensemble de dispositions juridiques relatives à l'impôt » que l'on appele droit fiscal. En effet, cela permettra de préciser dans quelles conditions et dans quelles limites ce droit s'appliquera « à des personnes et à des biens appartenant déjà au monde juridique, donc déjà définis, qualifiés par des lois » (L. Trotabas).

Ainsi, pour Louis Trotabas, la proclamation du statut d'autonomie du droit fiscal correspond fondamentalement à une volonté de protection de l'ordre juridique existant. « Il est donc de la plus grande importance. » (L. Trotabas).

Lecture
— M. Cozian, *Propos désobligeants sur une « tarte à la crème » : l'autonomie et le réalisme du droit fiscal*, Droit fiscal, 1980, n° 41, et *Les grands principes de la fiscalité des entreprises*, 2e éd. Litec, 1986.
— P. Lavigne, *Hommage à Louis Trotabas*, Revue Française de Finances Publiques, n° 12, LGDJ, Paris, 1985.
— P. Serlooten, *Droit fiscal et droit des affaires (remarques sur l'autonomie du droit fiscal)*, Revue Française de Finances Publiques, n° 15, LGDJ, Paris, 1986.
— L. Trotabas, *Essai sur l'autonomie du droit fiscal*, Revue de science et de législation financières, 1928.
— L. Trotabas et J. Cérèze, *L'imposition forfaitaire des BIC*, LGDJ, Paris, 1958.
— L. Trotabas et J.-M. Cotteret, *Droit fiscal*, Dalloz, Paris, 1984.

VAUBAN, Sébastien le Prestre seigneur de, (1633-1707)

En février 1707, un ouvrage anonyme se répand à la Cour et dans Paris. Il s'intitule : « *Projet d'une dîme royale* ». Le conseil du roi le condamne et en interdit la publication. Le 30 mars 1707, le Maréchal de Vauban, l'auteur du Projet, meurt. Ses obsèques ont lieu devant « une foule immense ». Vauban, le bâtisseur, le soldat, prend place dans la lignée des réformateurs incompris du Royaume. La Révolution se souviendra de lui, même si le système fiscal révolutionnaire est très différent de ce qu'il proposait, même si la « Dîme royale » avait été écrite pour assurer la pérennité de ce qui deviendra l'Ancien Régime.

Commissaire général des Fortifications, bâtisseur de près de trois cents places fortes, Vauban a, durant sa vie, parcouru la France en tous sens. Esprit curieux, il se documente sur la richesse, les productions, la population des régions qu'il traverse. Homme de cœur, il s'afflige de la misère, des injustices que partout il constate. Réformer l'impôt, ou plutôt les impôts qui pullulent, lui paraît être un bon moyen pour assurer plus de prospérité et plus de justice. L'impôt, fondement de l'Etat, doit être universel, telle est l'idée exprimée dès les premières pages de « La dîme royale » : « Un Etat ne peut se soutenir si les sujets ne le soutiennent. Or ce soutien comprend tous les besoins de l'Etat auxquels, par conséquent, tous les sujets sont obligés à contribuer. De cette nécessité il résulte 1) une obligation naturelle aux sujets de toutes conditions de contribuer à proportion de leur revenu ou de leur industrie, sans qu'aucun d'eux s'en puisse raisonnablement dispenser ; 2) qu'il suffit pour autoriser ce droit d'être sujet de cet Etat ; 3) que tout privilège qui tend à l'exception de cette contribution est injuste et abusif et ne peut ni ne doit prévaloir au préjudice du public ». C'est cette remise en cause des privilèges de la noblesse et du clergé à travers l'adoption des principes d'universalité et de proportionnalité de l'impôt que retiendront les philosophes des Lumières. La réforme elle-même consistait à supprimer notamment la taille et les droits de douane entre les provinces, pour les remplacer par une dîme, égale au dixième des revenus de chacun. La dîme devait être prélevée en nature sur les fruits de la terre et en argent sur les autres revenus.

Cette sorte d'impôt cédulaire sur le revenu fut expérimenté par les ministres des Finances de la fin de l'Ancien Régime qui instituèrent des dixième, vingtième, cinquantième. Mais on n'en retrouve pas traces dans le système fiscal de la Constituante qui s'inspire plutôt de la taille réelle proposée par *Boisguilbert* dès 1697 dans « Le détail de la France ». En effet, la dîme, vieil impôt des premières civilisations, était encore, pour une large part, payée en nature. Cela la rendait malaisée à appliquer en raison des difficultés de contrôle et de stockage des productions. De plus, étant proportionnelle au produit brut agricole, elle n'incitait pas les paysans à accroître la productivité de leurs terres. Mais au XIXe siècle, pour les promoteurs de l'impôt sur le revenu, Vauban apparaîtra à nouveau comme un précurseur.

Lecture

— G. Ardant, *Histoire de l'impôt*, Fayard, Paris, 1972.
— J.-P. Guicciardi, *Vauban, statisticien et économiste*, « Le Monde », dimanche 18 décembre 1983.

Cf. Doctrines fiscales, Egalité, Impôt, Smith (Adam).

ANNEXE I

PRÉLÈVEMENTS OBLIGATOIRES DANS LES PAYS INDUSTRIALISÉS

(en % du P.I.B.)

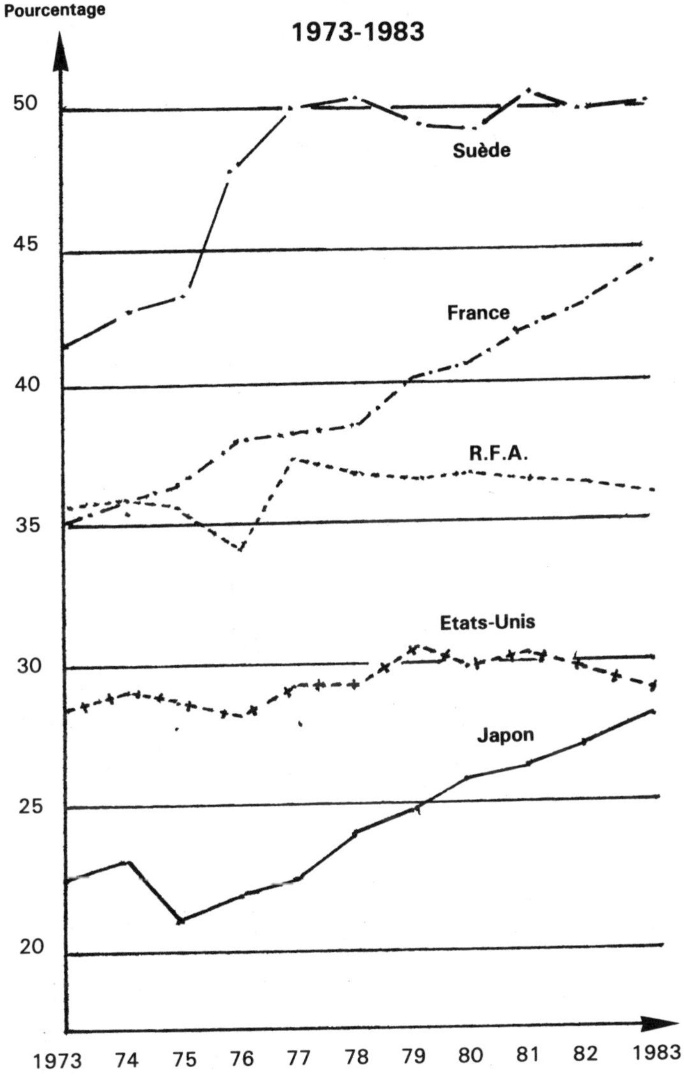

Source : O.C.D.E.

ANNEXE II

ÉVOLUTION DES PRÉLÈVEMENTS OBLIGATOIRES EN FRANCE

(en % du P.I.B.)

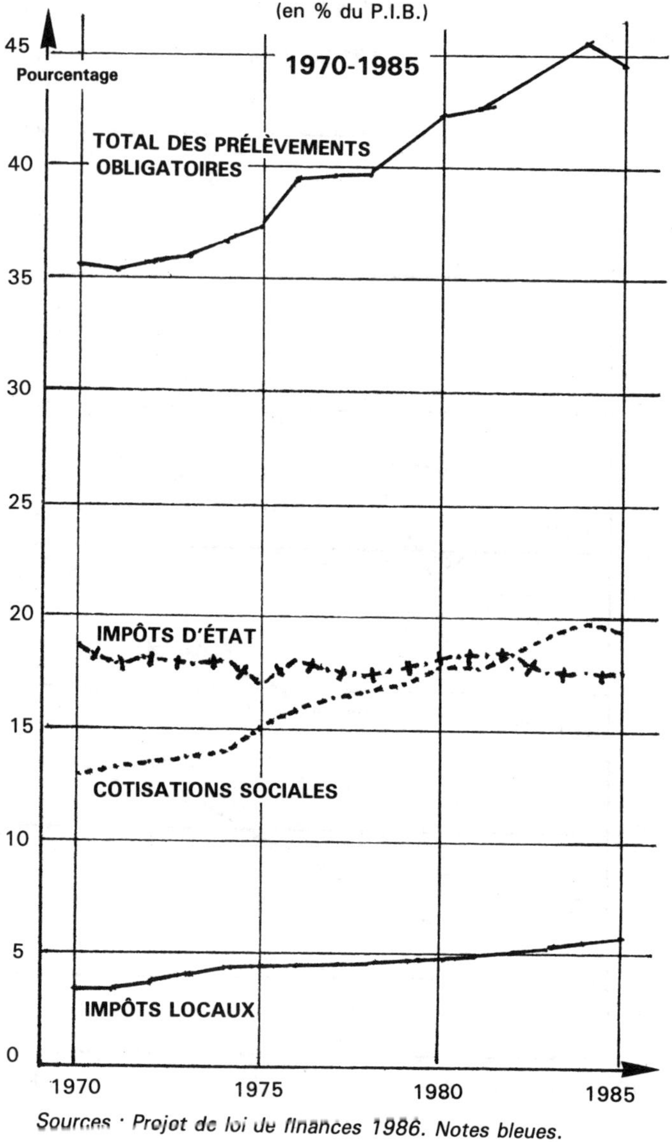

Sources : Projet de loi de finances 1986. Notes bleues.

ANNEXE III

RECETTES DU BUDGET DE L'ÉTAT
1984-1986

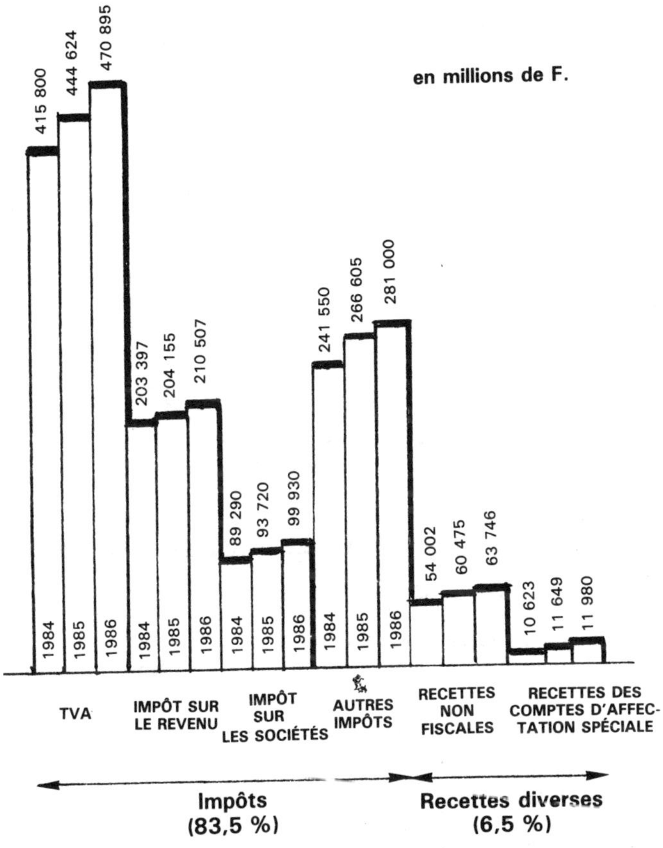

N.B. Il faut déduire chaque année environ 20 % de ces recettes (236,5 milliards en 1986) au titre des dégrèvements et remboursements fiscaux ainsi que des prélèvements au profit des collectivités locales et des Communautés économiques européennes.

Source : Notes bleues, n° 271, 1986.

ANNEXE IV

IMPÔTS DIRECTS LOCAUX
1984

en milliards de F.

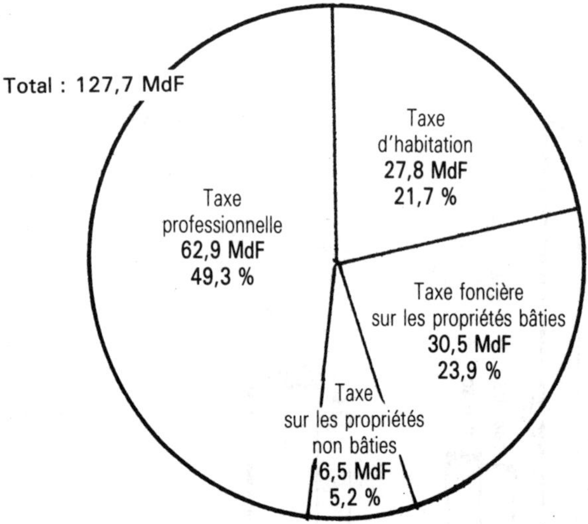

BARÈME DE L'IMPÔT SUR LE REVENU POUR 1987
(Revenus imposables de 1986)

Fraction du revenu imposable (2 parts)	Taux (en pourcentage)
N'excédant pas 32.060 F	0
De 32.060 F à 33.520 F	5
De 33.520 F à 39.740 F	10
De 39.740 F à 62.840 F	15
De 62.840 F à 80.780 F	20
De 80.780 F à 101.480 F	25
De 101.480 F à 122.780 F	30
De 122.780 F à 141.660 F	35
De 141.660 F à 236.040 F	40
De 236.040 F à 324.620 F	45
De 324.620 F à 383.980 F	50
De 383.980 F à 436.800 F	55
Au-delà de 436.000 F	58

TABLE DES MATIERES

ELEMENTS DE BIBLIOGRAPHIE GENERALE

ARDANT (G.), « Théorie sociologique de l'impôt », SEVPEN, Paris, 1973.
ARDANT (G.), « Histoire de l'impôt », Fayard, Paris, 1971-1973 (2 tomes).
BELTRAME (P.), « L'imposition des revenus », Berger-Levrault, 1970.
BELTRAME (P.), « Les systèmes fiscaux », Q.S.J., PUF, 1979 (2e éd.).
COZIAN (M.), « Précis de fiscalité des entreprises », Litec, Paris, 1986, 10e éd.
COZIAN (M.), « Les grands principes de la fiscalité des entreprises », Litec, Paris, 1986, 2e éd.
GAMBIER (C.), « Les impôts en France », F. Lefebvre, Paris, annuel.
GEST (G.) et TIXIER (G.), « Manuel de droit fiscal », LGDJ, Paris, 1986, 4e éd.
LAURE (M.), « Traité de politique fiscale », PUF, Paris, 1956.
MARTINEZ (J.C.) et DI MALTA (P.), « Droit fiscal contemporain », Litec, Paris, 1986.
MEHL (L.) et BELTRAME (P.), « Le système fiscal français », QSJ, PUF, Paris, 1987, 3e éd.
MEHL (L.) et BELTRAME (P.), « Science et technique fiscale », Thémis, PUF, Paris, 1984.
TOURNIE (G.), « La politique fiscale sous la Ve République », Privat, Toulouse, 1985.
TROTABAS (L.) et COTTERET (J.M.), « Droit fiscal », Dalloz, Paris, 1985, 4e éd.

Index analytique

A

B

C

S

T

U

V

Z

Dans la même collection

L'ASTRONOMIE - Jean-Pierre VERDET

LA BANDE DESSINÉE depuis 1975 - Thierry GROENSTEEN

CHARLEMAGNE - Robert DELORT

LA DÉMOCRATIE GRECQUE - Claude MOSSÉ

LES CONSTITUTIONS FRANÇAISES - Didier LINOTTE

LE FASCISME - Pierre MILZA

LA GÉOLOGIE - Jean-Claude FISCHER

LE JAZZ - François BILLARD

LES JUIFS DANS LE MONDE CONTEMPORAIN
Béatrice PHILIPPE

JUNG - André NATAF

NAPOLÉON - Patrick RAVIGNANT

LE NAZISME - Serge BERSTEIN

LE POLAR - Denis FERNANDEZ RECATALA

LA PREMIÈRE GUERRE MONDIALE - Jean-Jacques BECKER

LE RACISME - Lydia FLEM

LA RÉVOLUTION INDUSTRIELLE - Patrick VERLEY

LE ROMANTISME ALLEMAND - Philippe BOYER

LE SURRÉALISME - Gérard de CORTANZE

LA SOCIÉTÉ MÉDIÉVALE - Agnès GERHARDS

A paraître :

LA COLLABORATION - LE COMMUNISME - LE GAULLISME - L'ISLAM - LE SIÈCLE DES LUMIÈRES - LA PHILOSOPHIE GRECQUE - LA QUATRIÈME RÉPUBLIQUE - LA SCIENCE FICTION - LA TROISIÈME RÉPUBLIQUE - LE VATICAN - LE BAROQUE - LES INSTITUTIONS AGRICOLES - LES IMPÔTS - LES ARABES - LES CROISADES.

Imprimé en France par l'Imprimerie Nouvelle
45800 Saint-Jean-de-Braye
5472 — 02-1987